KB135225

이기는
제안서 개발

이기는
제안서 개발

하상균 지음

몇 년 전 제안 컨설팅을 하면서 어느 방위산업 업체의 한 임원을 만났다. 일상적인 인사와 컨설팅 방안에 대한 논의가 끝나고 회의실을 나가려 하자 그 임원이 나의 손을 잡으면서 말한다. "하 수석님! 이번 사업은 정말 중요합니다. 수주에 성공하지 못하면 회사의 매출액이 하락할 뿐만 아니라 회사 구성원들도 일자리를 잃습니다." 그 임원은 웃으면서 말했지만, 목소리엔 절박한 심정이 담겨 있었다. 그래서일까? 제안룸에는 팽팽한 긴장감이 감돌았고, 제안서를 작성해야 하는 연구원들의 표정은 절박해 보였다. 지금도 그 표정과 분위기를 잊을 수 없다. 경쟁상황에 따라 다소 차이가 있지만 대체로 제안룸은 경쾌한 분위기보다는 무거운 분위기가 지배하는 공간이다. 치열한 경쟁이 벌어지는 수주 경쟁에서는 1등만 의미가 있기 때문이다. '최선을 다했기 때문에 후회하지 않는다'라면서 흡족해하는 제안 TFT를 단 한 번도 만난 적 없다. 0.001점이라도 경쟁사보다 좋은 점수를 받아서 수주에 성공해야 오랜 시간 고생한 보람을 얻을 수 있다. 냉정한 말이지만 이것이 현실이다. 따라서, 제안 인력은 늘 고민한다. '어떻게 하면 수주에 성공해서 고생한 보람을 얻을 수 있을까?'

왜 이 책을 썼는가?

'어떻게 하면 수주에 성공해서 고생한 보람을 얻을 수 있을까?' 이 책은 이 질문에 대한 답을 주려는 책이다. 또한, 이 책은 '어떻게 하면 짧은 제안서 작성 기간 동안에 불필요한 시간 낭비 없이 효율적으로 제안서를 작성할 수 있을까?'라는 질문에 답하는 책이다. 첫 번째 질문은 효과성을, 두 번째 질문은 효율성을 의미한다. 필자는 경영학을 전공했다. 만약 필자에게 경영학이 무엇을 연구하는 학문이냐고 묻는다면 경영학은 처음에 설정한 목표를 적은 비용으로 달성하는 일 처리 방법을 가르쳐주는 학문이라고 말하고 싶다. 필자에게 '회사에서 일을 잘하는 사람의 조건이 뭐냐'라고 물어도 똑같이 말해줄 것이다. 이런 효과성과 효율성의 기준이 제안서 개발에도 동일하게 적용된다. 회사 내에 많은 자원이 있어서 많은 인력을 오랫동안 제안서 개발에 투입한다면 수주 가능성은 커질 것이다. 그러나 수익성이 떨어지기 때문에 수주 성공의 의미가 퇴색될 수밖에 없다. 그런데 두 가지 조건을 충족한다는 것은 결코 쉬운 일이 아니다. 도전적 과제가 아닐 수 없다. 어떻게 하면 두 가지 조건을 충족할 수 있을까? 다시 말해 최소비용과 불필요한 시간 낭비 없이 치열한 수주 경쟁에서 이길 수 있을까? 이런 도전적 질문에 대한 답을 주려고 이 책을 썼다.

이 책의 차별성

국내에 출판된 제안서 관련 책이 적지 않다. 외국 번역서도 적지 않고, 국내서도 적지 않다. 이렇게 많은 책 중에서 필자가 쓴 이 책은 어떤 차별적 우위가 있을까? 세 가지로 설명할 수 있다.

첫째, 이기는 제안의 핵심 원리를 알 수 있다. 원리의 사전적 의미는 근본 이치다. 즉 이 책을 통해 제안 경쟁에서 이기는 근본 이치를 알게 된다. 근본 이치는 변하지 않는 본질을 의미한다. 본질은 변하지 않는 것이기 때문에, 시간과 공간을 초월한다. 업종을 초월한다. B2B 제안서이건, B2C 제안서이건, IT 제안서이건, 국방 제안서이건 상관없이 이기기 위해선 반드시 준수해야 하는 절대적 조건을 의미한다. 그 절대적 조건을 이 책을 통해 알 수 있다. 제1장 도입부에 구체적인 내용이 기술되어 있다.

둘째, 국내 제안서 개발 관행과 풍토에 적합한 책이다. 필자는 글로벌 외국계 제안서 개발 컨설팅 회사에서 오랜 시간 제안 컨설팅을 경험했다. 이 경험을 통해 필자는 제안서 개발에도 세밀한 공학적 접근이 필요하다는 것을 배울 수 있었다. 이기는 제안서를 개발하기 위해 각각의 단계에서 무엇을 어떻게 해야 할지 그 세밀한 방법을 배울 수 있었다. 반면 아쉬웠던 것은 그런 세밀한 공학적 접근이 국내 제안룸에서는 그대로 적용될 수 없다는 것이다. 왜냐하면, 미국과 한국은 제안서를 평가하는 구매 절차와 관행 그리고 평가자의 성향이 많이 다르다. 왜 다를까? 제안서와 구매 절차는 미국에서 배운 제도이지만, 한국은 한국만의 고유한 사회적, 문화적 맥락 속에서 미국에서 배운 제도를 변용했기 때문이다.

미국과 한국은 어떻게 다른가? 둘 간의 차이를 전형적으로 그리고 집약적으로 보여주는 것이 바로 템플릿의 차이다. 템플릿의 차이를 통해 미국과 한국의 제안서와 구매 절차 그리고 이를 둘러싼 사회적, 문화적 맥락이 어떻게 다른지 알 수 있다. 미국은 텍스트 위주로 작성하며 **MS WORD**를 활용해서 작성한다. 반면 한국은 그래픽과 도식화 위주로 PPT를 활용해서 작성한다. 물론 일부 공공기관에서는 아래아한글로 작성하라는 지침을 주지만, PPT로 작성한 내용을 아래아한글에 올리는 편법을 사용해서 제출한다. 이렇게 제안서 작성 템플릿이 다르다 보니 제안서 작성의 구체적인 방법이 달라진다. 작성 방법이 달라지면, 작성 기간과 작성 인력, 디자인 일수가 달라지고, 전체 제안서 개발 일정이 달라질 수밖에 없다. 따라서 미국식 제안서 개발 접근 방법을 그대로 적용했다가는 낭패를 볼 수밖에 없다. 왜 국내 실정에 맞게 주체적인 변형이 필요한지 알 수 있는 대목이다.

그런데 필자가 예전부터 갖고 있었던 의문은 '왜 국내에선 그래픽과 도식화한 그림을 많이 사용하고, 개조식 글쓰기로 제안서를 작성하는 것일까?'라는 것이었다. 텍스트 위주로 작성하고, 개조식이 아닌 완성된 문장 형태로 제안서를 작성하여 제출하면 그 제안서를 평가하는 평가자들은 충분한 정보를 가지고 제안서를 평가할 수 있을 텐데 왜 이렇게 하지 않을까? 필자는 두 가지 이유로 추론한다. 첫째, 한국은 제안서 평가 시간이 짧다. 민수, 공공, 국방 모두 평가할 제안서 분량에 비해 평가 시간이 짧다. 왜 짧은가? 평가

시간이 길면 비용도 증가하지만, 그 무엇보다 평가자 정보 및 평가 방향 등의 정보가 노출되는 등 공정성에 문제가 생길 것을 염려하기 때문이다. 한국은 경쟁이 치열한 나라이고, 경쟁자 상호 간에 불신이 큰 나라이기 때문에 평가의 공정성에 극도로 민감하다. 짧은 시간에 제안서를 평가하도록 제안서를 작성하다 보니까 텍스트 위주의 완성된 문장보다는 그래픽과 도식화 위주의 개조식 글쓰기가 유행하게 되었다는 것이 필자의 추론이다. 둘째, 공공조직의 문서 작성 패턴이 개조식이다. 이런 공공조직 문서 작성 패턴이 민간 영역에 영향을 미쳤기 때문이다. 한국은 국가 주도로 경제가 발전한 나라다. 공공조직이 민간기업에 미치는 영향력이 큰 나라다. 따라서 공공조직의 문서 작성 패턴을 그대로 모방했다는 것이 필자의 추론이다.

B2B, B2G 구매 절차와 평가 제도, 제안서 개발의 접근 방법은 미국과 한국이 유사한 점이 많다. 그러나 다른 점도 많다. 따라서 미국식 제안서 개발 접근 방법을 문제의식 없이 그대로 벤치마킹을 하면 큰 문제가 발생한다. 한국 실정에 맞게 주체적으로 변용해야 한다. 이 책은 이런 문제의식을 갖고 만든 책이다. 국내 제안서 개발 관행과 풍토에 적합한 방법론을 적용했다.

셋째, 이 책에서 소개하는 내용은 현장 적용성이 높다. 이 책은 '어떻게 하면 시간이 쫓기면서 제안서를 개발해야 하는 인력들이 바로 현장에서 활용할 수 있도록 도움을 줄까?'를 고민한 책이다. 이를 위해 이 책에서는 제안서 개발의 각 단계별로 활용할 수 있는 툴키트(Tool kit)를 제공하고 있다. 그리고 현장 적용성을 높이기 위해 이 책의 목차를 실제 현장에서 제안서를 개발하는 절차대로 구성하였다. 제안서 작성 관련 책이 적지 않다. 대부분 내용이 좋다. 그런데 대다수의 책들이 실제로 제안서를 개발할 때의 절차를 준수해서 안내하고 있지 않다 보니 막상 적용하려면 애를 먹을 수밖에 없었다. 이 책의 목차대로 제안서를 준비한다면 좋은 성과를 얻을 수 있다.

이 책의 독자

이 책은 치열한 수주 경쟁에서 탈락하였으나 그 이유를 정확하게 알지 못하는 사람을 위한 책이다. 실패의 원인을 알아야 동일한 실수를 되풀이하지 않는다. 이 책을 통해 과거의 제안서가 왜 실패했는지 그 이유를 알 수 있다. 또한, 이 책은 이기는 수주 제안서 작성을 준비하고 있는 영업 대표와 기술 PM을 위한 책이다. 그리고 회사 내 제안서를 최종 검토하는 검토자를 위한 책이다. 검토는 제안서의 수준과 품질을 결정하는 중요한 활동이다. 훌륭한 검토를 위해선 훌륭한 검토의 기준이 있어야 한다. 이 책을 통해 그 기준을 알 수 있다. 또한, 이 책은 수주 성공에 기여하면서도 관련 비용과 시간을 최소화하는 제안서 개발의 절차에 관심 있는 사람을 위한 책이다.

이 책의 구성

제1장 도입부에서는 먼저 제안의 정의를 살펴본다. 이것을 살펴보는 것이 의미 있는 이유는 그 정의를 정확하게 알아야 성공적인 제안서 작성을 위해 무엇을 해야 하고, 하지 말아야 할지 그 구체

적인 행동 양식을 알 수 있기 때문이다. 그리고 제1장에서는 왜 제안이 중요한지 살펴보며, 이기는 제안의 핵심 원리인 3가지 조건을 살펴본다. 제2장부터 제5장까지는 이기는 제안의 핵심 원리인 3가지 조건을 충족하는 제안 프로세스, 제안서 기획, 작성, 검토 및 수정의 구체적인 방법에 대해서 살펴본다.

3 제안서 개발: 기획

4 제안서 개발: 작성

5 제안서 개발: 검토 및 수정

1

도입부

제안이란 무엇인가?

제안이란 무엇인가? 그 정의를 살펴보자. 정의를 살펴보는 것이 중요한 이유는 그 정의를 정확하게 알아야 성공적인 제안서 작성을 위해 무엇을 하고, 하지 말아야 할지 그 구체적인 행동 양식을 알 수 있기 때문이다.

제안이란

- 제안자의 의도가 담긴 핵심메시지와 정보를
- 특정한 고객의
- 요구조건을 반영한
- 글과 말을 통해
- 특정한 고객의 인식을 변화시키는 활동이다.

하나씩 살펴보자.

제안자의 의도가 담긴 핵심메시지와 정보 | 커뮤니케이션 이론에

서는 말하는 사람이 듣는 사람에게 전달하는 모든 정보를 메시지라고 부른다. 그러나 이 책에서는 핵심메시지와 정보를 구분하여 다르게 정의한다. 핵심메시지(Core message)란 다른 말로 핵심차별화 요소를 말하는 것으로서 경쟁사는 없는 우리만 갖고 있는 차별화 요소를 말하는데, 제안자가 고객에게 반드시 전달하고 싶은 주장을 담은 핵심 문장을 말한다. 따라서 고객이 반드시 기억해야 되며, 반드시 동의하고, 공감해야 되는 문장이다. 만약 고객이 기억하지 못하거나, 공감하지 않는다면 그 제안은 실패한 것이라고 말할 수 있을 정도로 중요한 요소다.

반면, 정보란 핵심메시지를 뒷받침해 주는 여러 자료들이라고 정의한다. 이렇게 핵심메시지와 정보를 구분한 이유는 고객에게 반드시 전달해야 될 것과 그렇지 않은 것을 구분하기 위해서다. 생략해도 되는 것과 생략하지 말아야 할 것을 구분하기 위해서다. 즉 제안을 구성하는 많은 정보들 속에서 옥석을 가리기 위해서다. 제안 작성자는 제안서에 기술하는 많은 정보들 속에서 중요한 것과 그렇지 않은 것을 구분할 수 있어야 한다. 왜 그런가? 고객에게 반드시 전달해야 할 것과 생략해도 되는 것을 아는 작성자는 핵심을 간파하고 있기 때문에 쓸데없는 내용으로 제안서를 도배하지 않는다. 만약 그 반대라면 쓸데없는 내용으로 제안서를 도배할 가능성이 크다. 중요한 것은 정보의 양이 아니라 정보의 질이다. 고객이 진짜로 중요하게 생각하는 내용으로 제안서를 작성해야 한다.

예를 들어보자. ERP 시스템을 판매하는 어느 B2B 영업 대표가 고객에게 40분간 제안서와 제안 프레젠테이션을 할 수 있는 기회를 얻었다. 그는 다시 찾아오지 않을 그 기회를 판매로 연결시키기 위해 40분간의 제안서와 프레젠테이션을 준비한다. 그런데 고객으로부터 연락이 왔다. 바쁜 일이 생겼기 때문에 프레젠테이션 시간을 20분으로 줄여달라고 한다. 그는 무엇을 어떻게 줄여야 할지 고민에 빠진다. 그런데 또 고객으로부터 연락이 왔다. 프레젠테이션을 10분으로 줄여달라는 것이다. 또 큰 고민에 빠진다. 영업 대표는 짜증이 났지만, 고객이 요청을 하니 어쩔 수 없이 열심히 줄였다. 그런데 또 전화벨이 울린다. 불길한 생각이 든다. 아니나 다를까 프레젠테이션을 3분으로 줄여 달라고 한다. 이렇게 40분 프레젠테이션에서 3분 프레젠테이션으로 줄어든 상황에서도 삭제되지 않고 살아남은 것이 바로 핵심메시지다.

만약 이 책을 읽는 독자가 이런 상황에 빠진다면 어떻게 할 것인가? 당황하지 않고 고객이 원하는 분량으로 제안서와 프레젠테이션을 줄일 수 있는가? 만약 그렇다면 여러분은 무엇을 제안해야 할지 핵심을 알고 있다는 뜻이다. 만약 당황하거나 줄일 수 없다면 핵심을 모른다는 뜻이다. '목욕물을 버릴 때 아기는 버리지 말라'라는 서양 속담이 있다. 핵심을 모른다면 무엇을 생략해야 할지 모른다는 뜻이며, 생략할 때 제안의 핵심을 버릴 수도 있다는 뜻이다. 핵심을 버리면서 수주에 성공할 순 없다.

특정한 고객의 | 세일즈 문서는 크게 보면 브로셔와 제안서로 구별할 수 있다. 두 문서의 공통점은 고객을 설득하기 위해 만든 문서라는 점이다. 그렇다면 두 문서의 차이점은 뭘까? 브로셔가 범용적인 고객을 설득하기 위해 만든 문서라면, 제안서는 특정한 고객을 설득하기 위해 만든 문서라는 점이다. 그래서 브로셔 내용은 두루뭉술

하게 작성할 수밖에 없지만, 제안서는 설득의 대상자가 구체적으로 지정되어 있기 때문에 특정한 고객의 요구조건을 규명할 수 있어서 날카롭게 작성할 수 있다. 날카롭게 작성한다는 말은 특정한 고객의 요구조건을 제안서에서 다룬다는 의미다. 그리고 제안의 핵심을 다룬다는 뜻이기도 하다. 제안서가 존재하는 이유는 특정한 고객의 요구조건이 존재하기 때문이다. 수주에 성공하기 위해선 고객의 특정한 요구조건을 분석해야 한다.

요구조건을 반영한 | 특정한 고객의 요구조건을 빙산 모델로 구분하면 크게 빙산 위와 아래의 요구조건으로 구별할 수 있다. 빙산 위의 요구조건은 공식적 혹은 제안요청서 상에서 명시적으로 요구한 조건이며, 빙산 아래의 요구조건은 비공식적 혹은 명시적으로 언급하지 않은 요구조건이다. 수주에 성공하기 위해선 두 가지를 모두 규명하여 충족해야 한다.

글과 말을 통해 | 수주 경쟁에서 고객을 설득하기 위해 실시하는 커뮤니케이션은 크게 보면 문서로 설득하는 방법과 말로 설득하는 방법으로 구별할 수 있다. 즉 제안서와 프레젠테이션이 그것이다.

인식을 변화시키는 활동 | 여기서 주목해야 하는 단어는 '인식'이라는 단어다. 포지셔닝 이론을 정립한 마케팅 전문가 잭 트라우트는 "중요한 것은 진실이 아니다. 중요한 것은 인식이다."라고 했다. 그리고 그는 "마케팅은 제품 싸움이 아니라 인식 싸움이다. 마케팅은 인식을 다루는 과정이다"라고 했다. 고객의 인식은 절대불변도

아니고 객관적이지 않고 지극히 주관적이다. 왜냐하면, 고객의 인식은 한 개인의 주관적인 정신모형(Mental model)에 의해서 만들어지기 때문이다. 정신모형이란 쉽게 말해서 한 사람이 세상을 해석하는 인식의 틀, 해석의 틀, 사고의 틀, 감정의 틀이다. 비유적으로 안경 혹은 렌즈라고 한다. 모든 인간은 자신만의 고유한 정신모형을 갖고 있으며, 이것에 기초하여 세상의 사물과 사건을 인식하고 해석하고, 이것에 따라서 감정을 느낀다. 즉 우리는 세상의 사건을 해석할 때 생물학적인 두 눈으로 해석하는 것이 아니라 마음의 눈이라고 할 수 있는 정신모형으로 세상을 주관적으로 해석한다. 고객의 인식을 자사에 유리한 방향으로 변화시키기 위해선 고객의 정신모형은 어떻게 구성되어 있는지, 자사에 대해서 그리고 경쟁사에 대해서 어떤 인식을 갖고 있는지 분석하는 것은 필수다.

왜 수주 제안 커뮤니케이션이 중요한가?

B2B와 B2G 사업에서의 중요성

B2C보다 B2B 혹은 B2G에서 제안서와 프레젠테이션은 중요하다. B2C는 Business to Consumer의 약어로서 기업과 소비자 간의 거래를 의미한다. 따라서 B2C 영업경쟁에서는 최종 소비자를 설득해야 이길 수 있다. 반면 B2B는 Business to Business의 약어로서 기업 간 거래를 의미한다. B2G는 Business to Government의 약어다. B2C에서는 제품의 구매 주체가 개인이며 조금 확대된다고 해도 가족 단위를 넘어서는 경우는 매우 드물다. 따라서 구매 절차와 결정이 간단하다. 그리고 구매 결정이 즉흥적이며, 감성적 측면이 강하다. 반면 B2B에서는 제품의 구매 주체가 기업이며 관련된 많은 조직이 관여한다. 그래서 구매 결정이 집단적이며, 공식적인 성격을 띤다. 예를 들어서 5백 원짜리 볼펜을 구매할 때는 혼자서 큰 고민 없이 구매 결정을 내린다. 반면 '5억 원 규모의 볼펜 제작 금형 설계 SW를 구매할 것인가? 말 것인가?'를 결정

할 때는 얘기가 달라진다. 이 구매건 결정을 위해 작게는 그 회사의 구매, 생산, 재무부서 등이 관여한다. 그런데 그 구매가 그 회사의 전사적 전략과 밀접하게 관련되어 있다면 관여 부서가 확대되어 전략기획팀과 HR 부서도 관여해야 한다. 이렇게 많은 부서가 관여하면 의사결정의 절차는 공식적, 집단적 성격을 띠게 된다. 즉 제안서와 프레젠테이션은 공식적 그리고 집단적 의사결정을 내리기 위한 기초자료로 활용된다는 뜻이다. 그래서 B2C보다는 B2B, B2G 사업에서 제안서와 프레젠테이션이 중요한 것이다.

공정성과 투명성의 강화

사회 전반적으로 공정성과 투명성이 강화되면서 제안서와 수주 제안 프레젠테이션이 중요해졌다. 공공기관은 일정한 금액 이상이면 반드시 입찰 절차를 통해 구매해야 한다. 민간기업도 일정한 금액 이상이면 구매 평가 위원회를 통해 평가하고 있다. 10여 년 전만 해도 입찰과 제안은 국책사업, 건설과 플랜트, 방위산업 등 일부 대형 프로젝트에 국한되었다. 하지만 최근에는 무형의 서비스를 판매하는 교육 사업과 회계 법인과 법무법인에서도 제안서와 제안 프레젠테이션 작성 능력이 중요해졌다. 이런 사회 전반적인 맥락 속에서 제안과 제안 프레젠테이션 역량은 불황기 기업의 생존을 좌우하는 핵심 역량이 되었다.

신기술 기반의 제품과 솔루션일수록 커뮤니케이션 차별성이 중요하다

신기술 기반의 제품과 솔루션일수록 커뮤니케이션의 차별성이 중요하다. 요즘 가장 크게 부각되는 단어는 '4차 산업 혁명'이다. 어느 전문가에 따르면 2020년이 되면 500억 개의 네트워크 디바이스가 서로 연결될 것이라고 한다. 이렇게 모든 것이 연결되고, 지식과 아이디어가 공유되다 보니까 산업 간 경계가 허물어지고, 혁신적인 기술을 기반으로 한 제품과 솔루션이 급증하고 있다. 이런 혁신적인 제품과 솔루션일수록 제안서와 프레젠테이션이 중요하다. 왜냐하면, 고객은 그런 혁신적인 솔루션을 과거에 경험하지 못했기 때문에 제안서와 프레젠테이션을 통해 고객을 설득해야 한다. 커뮤니케이션이 부실하면 고객을 설득하기 어렵다. 예를 들어서, 백색가전업체의 대명사인 GE가 냉장고를 판매할 때는 제안서와 프레젠테이션이 별로 중요하지 않았다. 왜냐하면, 고객이 냉장고를 직접 눈으로 보고, 손으로 만져보고, 소리를 들을 수 있기 때문이다. 그러나 요즘 GE는 제조업체에서 탈피하여 디지털 기반의 SW 업체로 변신하였고, '프레딕스(Predix)'라는 운영체제(OS)를 활용한 유지보수 서비스업으로 사업모델을 바꾸고 있다. 프레딕스(Predix)라는 운영체제를 눈으로 보고, 손으로 만져볼 수 있는가? 그럴 수 없다. 그래서 고객을 설득하기 위해선 제안서와 프레젠테이션이 중요한 것이다. 이미 만들어진 기성품이 아닌 미래에 개발해야 되는 제품을 연구 개발하는 사업과 눈에 보이지 않는 무형의 서비스를 제공하는 솔루션 사업일수록 좋은 제안서와 프레젠테이션은 더욱더 중요하다.

무형의 서비스 판매에서는 제안서가 더 중요하다

무형의 서비스를 판매하는 솔루션 판매 업체는 제안서와 프레젠테이션이 더 중요하다. 왜냐하면, 제안서와 프레젠테이션을 통해 눈에 안 보이는 무형의 서비스를 오감을 통해 체감할 수 있도록 유형화해야 하기 때문이다. 예를 들면, 무형의 상품을 판매하는 대표적인 업종이 병원이다. 의사들의 진료 행위는 무형의 서비스 상품이다. 그래서 병원을 방문하는 환자들이 병원을 신뢰하도록 오감으로 체감하도록 만든 커뮤니케이션 수단이 의학박사 학위증, 전문의 자격증, 의과대학의 외래교수 위촉장 등이다.

특히 ICT 기술의 발달로 전 세계 모든 나라 간의 정보 공유가 촉진되었고, 기술격차가 급격하게 줄어드는 추세다. 이렇게 기술격차가 줄어들어 제품 성능과 솔루션(서비스)의 차별성이 작아지는 시대엔 커뮤니케이션의 차별성이 중요하다. 제안은 자사 제품 혹은 솔루션(서비스)의 차별성을 부각시킬 수 있는 좋은 기회다.

이기는 제안의 3가지 조건

필자는 오랜 시간 여러 업종의 제안 TFT를 대상으로 제안 컨설팅을 수행했다. 제안 컨설팅의 시작은 킥오프 미팅으로 시작한다. 이때 적지 않은 고객들이 필자에게 '어떻게 하면 치열한 제안 경쟁에서 이길 수 있는가?'라고 물어본다. 이 책을 읽는 독자들이 이런 질문을 받으면 어떻게 대답할 것인가? 간단한 질문이지만 오랜 시간 설명을 해야 할 정도로 복잡한 대답을 요하는 질문이다. 결코 쉽게 대답할 수 없다. 그럼에도 불구하고 아주 간단하게 총론의 형태로 답변을 한다면 다음과 같다.

$$자사\ (V \rangle P) \ \rangle\ 경쟁사(V \rangle P)$$

〈이기는 제안 공식〉

이 공식에서의 V는 고객이 자사 솔루션을 구매하면 얻게 되는 가치를 의미하는 Value다. P는 자사 솔루션을 구매할 때 고객이 자사에게 지불하는 금액인 Price를 의미한다. 즉 치열한 수주 경쟁에서 이기기 위해선 두 가지 조건을 충족해야 한다. 첫째 조건은 고객에게 제공하는 가치가 고객이 자사에게 지불하는 비용보다 더 커야 한다는 것이다. 두 번째 조건은 고객이 얻게 되는 가치가 경쟁사가 제공하는 가치보다 더 크다고 고객이 인식해야 한다는 것이다. 수주 경쟁은 상대적 비교다. 반드시 누군가는 탈락해야 하는 승패의 게임이다. 따라서 경쟁에서 이기기 위해선 월등하게 높은 점수도 필요 없고, 단지 경쟁자보다 소수점 이하의 낮은 점수라도 높기만 하면 된다. 최선을 다한 아름다운 2등은 별 의미가 없다는 의미다. 냉정한 말이지만 현실에선 진리다.

자! 그렇다면, 자사가 경쟁사보다 더 큰 가치를 줄 수 있다고 고객을 설득하기 위해선 무엇을 어떻게 해야 하는가? 살펴보자. 크게 보면 다음 세 가지 과정으로 설명할 수 있다.

- 고객 요구 규명
- 핵심차별화 규명
- 고객 관점에서 이해하기 쉽고 평가하기 쉽게 작성

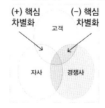

〈이기는 제안의 3가지 조건〉

1.3.1 고객의 요구 규명

고객의 요구조건은 빙산을 모델로 하여 크게 두 가지로 설명할 수 있다. 빙산 위의 요구조건은 언급된 요구조건 혹은 RFP 상에서 명시적으로 요구한 조건이다. 반면 빙산 아래 요구조건은 고객이 RFP 상에서 명시적으로 요구하진 않았지만, 고객에게 중요한 요구조건이다. 수주 경쟁에서 이기기 위한 첫 번째 조건은 고객의 모든 요구조건을 규명하여 제안서에서 적절하게 다뤄야 한다. 그런데 두 가지 요구조건 규명 중 어느 요구조건을 규명하는 게 상대적으로 더 힘들까? 그렇다. 빙산 아래의 언급하지 않은 요구조건을 규명하는 게 더 어렵다. 왜냐하면, 고객이 명시적으로 요구하지 않았기 때문이다. 그래서 빙산 아래의 요구조건을 잘 규명하면 경쟁사보다 차별적인 제안을 할 수 있고, 수주에 성공할 가능성이 커진다. 즉 빙산 아래 요구조건은 RFP에서 명시적으로 요구한 빙산 위의 요구조건보다 규명하는 게 훨씬 더 어렵다. 그렇기 때문에 이것을 규명할 수 있다면 경쟁사는 다루지 못한 차별적 내용을 제안서와 프레젠테이션에서 다룰 수 있기 때문에 중요하다. 이렇게 중요한 빙산 아래의 요구조건은 크게 핵심 키맨의 개인적 니즈, 고객의 무지, 사업의 근본 목적으로 범주화할 수 있다. 구체적으로 살펴보자.

1.3.1.1 핵심 키맨의 개인적 니즈

RFP 상에서 명시적으로 요구하지는 않았지만, 제안서와 프레젠테이션을 평가할 때 중요하게 다루는 빙산 아래의 요구조건으로는 핵심 키맨의 개인적 니즈를 꼽을 수 있다. B2C와 달리 B2B에서는 구매 의사결정을 조직의 모든 이해관계자들이 집단적으로 내리기 때문에 개인적 니즈를 RFP 상에서 명시적으로 요구할 순 없다. 그럼에도 그 핵심 키맨은 제안서와 프레젠테이션을 평가할 때 중요하게 고려할 것이다.

예를 들어보자. 어느 중견 기업의 ERP 시스템 발주 사례다. 이 회사의 정보팀 이사는 컨설팅 회사에서 스카우트되어 왔다. 이 회사에 온 이후 처음으로 ERP 시스템을 발주하였다. 대의명분은 갈수록 치열해지는 글로벌 경쟁 속에서 승리하기 위해선 전사 차원의 신속한 의사결정이 필요하고, 이를 위해선 사내 정보 수집과 공유가 실시간으로 이뤄져야 하는데, 이를 뒷받침하는 시스템이 부재하였다. 그래서 대외 경쟁력 강화를 위한 ERP 시스템을 발주하였다. 그래서 관련 RFP에는 ERP 도입의 배경과 목적, 기술적 요구 사양 등을 언급하였다. 그런데 정보팀 이사는 RFP에는 담을 수 없는 개인적인 니즈도 이번 사업을 통해 충족되었으면 하는 바람이 있었다. 컨설팅 회사에서 스카우트 되어 왔는데, 정보팀의 사내 영향력이 그리 크지 않아서, 내부 사업을 수행하는데 여러모로 힘든 게 많았다. 그래서 이번 ERP 발주 사업을 진행하면서 정보팀의 사내 위상을 높이고 싶은 욕심이 있었다. 이를 위한 핵심 사항은 정보팀의 인력 확대와 체계적인 교육을 통한 역량 강화였다. 이것만 제대로 된다면 정보팀의 사내 위상이 높아질 것이고, 사내 정치역량과 영향력도 커질 것이라고 생각했다. 그러나 이런 개인적 욕심을 RFP에 담을 순 없다. 이런 상황에서 좋은 평가 점수를 얻기 위해선 어떻게 해야 할까? 빙산 위의 공식적 요구조건을 제안서와 프레젠테이션에서 충실하게 다뤄야 할 뿐만 아니라 빙산 아래의 개인적 니즈도 다뤄야 한다. 예를 들면 ERP 시스템을 사내 시스템과 성공적으로 통합하기 위해선 정보팀의 인력 확대가 필요할 뿐만 아니라 그 인력을 체계적으로 교육시켜야 한다는 내용을 담으면 될 것이다. RFP 상에서는 명시적으로 요구하지 않았음에도 불구하고 이런 내용을 담는다면 경쟁사와 크게 차별화될 것이다.

또 하나의 사례를 살펴보자. 이 사업은 고객이 공군과 국과연으로서 국내에는 존재하지 않는 방공 핵심기술을 확보하는 사업이다. 그런데 국내에는 관련 핵심기술이 없어서 외국과의 컨소시엄을 맺어서 기술을 확보하는 것이 관건이다. 이 사업의 핵심 키맨은 오랜 시간 영국에서 유학하여 영국업체의 기술 모형과 기술 접근에 친숙해져 있기 때문에 내심 영국업체가 컨소시엄 대상자로 들어오기를 원했다. 그러나 이런 개인적 니즈를 RFP에 기술할 순 없다. 3개의 업체가 경쟁을 하였는데, 참여한 한 회사는 핵심 키맨의 개인적 니즈를 간파하였고, 관련 내용을 반영하기 위한 전략을 수립하였다. 그래서 이 회사는 영국과 이스라엘 두 나라를 접촉하고 있으나, 가능하면 영국업체와 MOU를 조만간 체결할 것이라는 점을 강조하였다. 그리고 영국업체와 MOU를 체결하고 협력을 하면 어떤 점이 좋은지 기술적 측면의 장점을 크게 강조하였다. 핵심 키맨의 개인적인 니즈를 만족시키기 위한 대의명분을 제안서에 담은 것이다.

RFP 상의 요구조건만 제안서와 프레젠테이션에서 다룬 회사와 빙산의 모든 요구조건을 다룬 회사 중 어느 회사가 좋은 점수를 받을까? 두말이 필요 없다.

1.3.1.2 고객의 무지

RFP 상에서 명시적으로 요구하지 않았지만, 제안서를 평가할 때 중요하게 다루는 두 번째 빙산 아래의 요구조건으로는 고객의 무지를 꼽을 수 있다. 고객은 해결하지 못한 문제를 안고 있다. 그 문제를 해결하여 고통에서 벗어나기 위해 사업 발주를 낸다. 그런데 고객은 그 문제해결을 위한 전문가가 아니다. 만약 관련 전문가였다면 많은 돈을 들여서 발주를 낼 필요가 없다. 관련 전문가가 아니기 때문에 발주를 낸다. 고객은 전문가가 아니기 때문에 자신의 문제를 정확하게 그리고 빠짐없이 RFP 상에 담을 수 없다. 전문성 부족으로 인해 중요함에도 불구하고 언급하지 못하는 중요한 요구조건이 생기기 마련이다. 따라서 고객이 미처 인식하지 못한 요구사항까지 분석하여 제안서와 프레젠테이션에서 다룬다면 좋은 평가를 받을 수밖에 없다.

함정에 들어가는 장비를 납품하는 사업 사례다. 고객사는 유수의 함정 건조 기업이었으며, 입찰에 참여한 회사는 함정 추진체계와 관련한 장비를 납품하는 회사였다. 외국에서 개발한 추진체계 장비를 일부 국산화하여 납품하는 사업인데, 가격 외에 뚜렷한 차별화 요소를 찾기 어려운 사업이었다. 차별적 전략을 도출하기 위해 전략 워크숍에서 브레인스토밍을 하였다. 그 결과로 RFP 상에서 명시적으로 요구하진 않았지만, 고객사의 설계 인력이 함정 내부가 너무 협소하여 부피가 작고, 주변 부수 장치가 간결한 장비를 원한다는 사실을 발견하였다. 그래서 제안서에 자사의 추진 장비는 '가볍고, 부피가 작아서 공간을 많이 차지하지 않아서 설계 고려사항이 획기적으로 줄어든다'라는 점을 강조하였다.

1.3.1.3 사업의 근본 목적

빙산 아래의 중요한 요구조건과 관련한 마지막 요소는 사업의 근본 목적이다. 여기서 우리가 눈여겨봐야 하는 단어는 '근본'이라는 단어다. 근본의 사전적 의미는 '사물의 본질이나 본바탕'이다. 민간기업이 장비 도입 혹은 시스템 개선 등의 기술 관련 사업 발주를 낸 본질이나 본바탕은 무엇인가? 완벽한 장비 도입이 근본 목적일까? 기술적으로 신뢰할 수 있는 완전무결한 시스템 도입이 본질일까? 아니다. 기술적 완전성과 신뢰성은 사업의 근본 목적이 될 수 없다. 그럼 뭔가? 바로 이런 기술적 완전성과 신뢰성을 통해 사업 측면의 성과(매출액 증가와 비용 감소를 통한 수익성 향상)를 얻고 싶은 것이다. 따라서 사업의 근본 목적을 분석하기 위해선 기술적 분석에만 한정하지 말고 고객사가 처한 사업환경과 경쟁상황에 대한 분석이 필요하다. 사실 RFP에도 발주 목적과 배경이 나온다. 그러나 아주 빈약한 정보만 제공하고 있으며, 대부분의 정보가 기술적 측면의 요구사항으로 구성되어 있다. 예를 들어서 고객이 ERP 시스템 발주를 낸다면 ERP 시스템의 기술 측면의 목적과 배경을 넘어서서 그런 ERP 시스템 발주를 낸 사업 측면의 배경과 목적을 분석해야 한다. 이를 통해 사업의 근본 목적과 본질에 다가서는 제안서를 작성할 수 있다. 그리고 제안서 평가에 결정적인 권한을 지닌 민간기업의 핵심 키맨과 의사결정권자들은 대체로 직급이 높은 C 레벨의 임원급이며, 이들의 주요 관심 사항은 기술적 완성도가 아니다. 기술적 완성도를 통한 사업적 성과를 창출하는 것이다. 왜 사업의 근본 목적을 분석하는 것이 중요한지 알 수 있는 이유다. 공기업과 공공조직을 대상으로 한 사업에서도 동일한 분석이 필요하다. 왜 이 시점에서, 이런 규모로 발주를 낸 것인가라는 의문을 갖고 기술적 요구사항 분석에 한정하지 말고 사업 발주의 근본 목적과 본질을 분석해야 한다. 이런 심층 분석이 있어야 쓸데없는 내용이 아닌 적합한 제안 메시지를 개발할 수 있다.

자! 그렇다면 빙산 아래의 중요한 요구사항을 명확하게 규명하기 위해선 어떻게 해야 하는가? RFP를 여러 각도로 분석하면 될까? 물론 이것도 필요하다. 그러나 RFP 분석만으로는 한계가 있다. 직접 고객을 만나서 사업의 근본 목적과 배경을 파악해야 한다. 그래서 사전 영업이 중요한 이유다. 사전 영업이란 고객의 구매 절차상 RFP 발행 이전에 고객을 만나서 중요한 정보를 파악하는 일련 과정을 의미한다. 그리고 가능하면 고객을 빨리 만나는 게 좋다. 고객은 일정한 구매 절차에 따라서 발주를 낸다. 구매 절차상의 앞 단계에서 만날수록 중요한 정보를 많이 확보할 수 있다. 즉, 좋은 제안서는 제안룸에서 개발되는 것이 아니다. 고객을 설득하는 좋은 제안서는 고객과의 만남 속에서 만들어진다는 것을 명심해야 한다. 사전 영업단계에서 어떤 방식으로 정보를 파악해야 하는가? 이와 관련한 내용은 사전 영업 부근에서 살펴보자.

1.3.2 핵심차별화 규명

고객의 언급된 요구 건과 언급되지 않은 이슈 모두를 규명하였다면, 이제는 그런 이슈를 해결해 줄 수 있는 솔루션(제품)이 무엇인가를 규명해야 한다. 고객의 중요한 이슈를 해결해 줄 수 있는, 경쟁사는 없는 차별적인 솔루션이 무엇인가? 이 질문에 대한 답을 구하는 작업이 필요하다. 이를 위해선 자사와 경쟁사 솔루션에 대한 해박한 지식이 필요하다. 자사 솔루션의 강점과 약점 그리고 경쟁사 솔루션의 강점과 약점에 대한 이해가 선행되어야 한다. 핵심차별화 솔루션은 크게 보면 자사에 유리한 (+)긍정적 차별화 솔루션과 자사에 불리한 (-)부정적 차별화 솔루션으로 구별할 수 있다. (+)긍정적 차별화 솔루션은 자사에 유리하므로, 제안 커뮤니케이션 단계에서 어떻게 하면 고객에게 효과적으로 어필할 것인가를 고민해야 되는 영역이지만, (-)부정적 차별화 솔루션은 자사에 없고 경쟁사에만 있는 불리한 요소이므로 어떻게 하면 그 대안을 마련할 것인가를 고민해야 하는 영역이다. 보다 구체적인 내용은 뒤에서 살펴볼 것이다.

1.3.3 고객 관점의 이해 및 평가가 수월한 제안

고객의 요구조건 규명, 그것을 해결해줄 자사와 경쟁사 솔루션의 비교를 통한 핵심차별화 규명과 커뮤니케이션 전략이 규명되었다면 이제는 고객 관점에서 이해하기 쉽고 평가가 수월한 제안서를 작성해야 한다. 고객 관점이란 무엇인가? 쉽게 말해 판매자 관점의 반대말이다. 고객 관점의 제안은 철저하게 고객의 입장에서 고객의 문제를 해결해주는 데 적합한 솔루션과 제품을 제공하는 것이다. 반면 판매자 관점은 고객의 입장은 고려하지 않고 판매자에게 유리한 솔루션과 제품을 강매하는 것이다. 그리고 고객 관점에서 작성한 제안서는 이해하기 쉽고 평가하기 쉽다. 보다 구체적으로 고객 관점의 제안서와 프레젠테이션이 갖고 있는 특성을 살펴보자.

1.3.3.1 특정한 고객의 진짜 니즈를 반영한 제안

앞에서 우리는 제안의 정의를 살펴보면서, 고객을 설득하기 위해 만드는 세일즈 문서는 크게 보면 브로셔와 제안서로 구별할 수 있다고 했다. 두 문서의 차이는 브로셔가 범용적인 고객을 설득하기 위한 문서라면 제안서는 특정한 고객을 설득하기 위한 문서라는 것도 살펴보았다. 특정한 고객은 특정한 니즈를 갖고 있는 고객이라는 뜻이다. 즉 고객 관점의 제안서는 특정한 고객의 니즈 분석에서부터 시작한다는 뜻이다. 사실 이 말은 상식이다. 제안서를 한두 번 이상 써본 사람들이라면 누구나 다 아는 내용이다. 그런데 현실에서는 잘 지켜지지 않는다. 왜냐하면, 대다수의 제안서 작성자들이 과거 제안서를 짜깁기하기 때문이다. 과거 고객과 현재 고객의 니즈가 100% 동일하다면 문제 될 것이 없다. 그러나 고객의 니즈가 동일한 사례는 찾기 힘들다.

어떻게 하면 과거 제안서를 짜깁기하는 제안서가 아닌, 고객의 니즈를 반영한 고객 관점의 제안서를 작성할 수 있는가? 의외로 간단하다. 제안서 작성을 위한 기획 단계에서 질문을 바꾸면 된다. 짜깁기하는 작성자들이 제일 먼저 하는 질문은 "과거 제안서 어디 있는가?"라는 것이다. 이 말은 과거 제안서에서 컨트롤 C와 V를 하겠다는 뜻이다. 이 질문 대신에 "이번 고객의 진짜 니즈는 무엇인가?"라는 질문을 하면 된다. 즉, PC를 열고 짜깁기하려 하지 말고, PC를 열기 전에 노트와 볼펜을 이용하여, 고객의 니즈가 무엇인지 브레인스토밍하여 도출하는 행동이 필요하다.

1.3.3.2 고객의 니즈 해결에 적합한 솔루션 제안

고객 관점의 제안이 갖고 있는 두 번째 특성은 '고객의 니즈 해결에 적합한 솔루션을 제안'한다는 것이다.

독자들에게 하나의 질문을 해 보자. '고객은 최고가의 솔루션과 제품 구매를 좋아하는가? 최저가를 좋아하는가?' 눈치 빠른 독자는 그 답을 바로 알 것이다. 고객은 최고가를 좋아하지도 않고, 최저가를 좋아하지도 않는다. 고객은 자신의 문제해결에 적합한 가격의 솔루션과 제품을 좋아한다. 요즘 나온 최고 사양의 스마트폰은 삼성의 경우엔 S9이다. 삼성 모델 중 최고가의 제품이다. 이 제품은 청소년층과 젊은 층 사이에서는 꽤나 인기가 있는 제품이다. 필자의 아들도 갖고 싶어 하는 제품이다. 그런데 이 제품이 노안 때문에 눈이 침침하고 오직 전화 통화에만 관심 있는 노인계층에게도 좋은 제품이라고 할 수 있을까? 그렇게 말할 수 없다. 이들에겐 자판의 글씨가 커서 전화를 잘 걸기만 해도 좋은 제품이다.

필자는 예전에 자동차 영업사원들 대상으로 강의를 꽤 많이 했다. 오랜 시간 강의를 하다 보니까 교육생들과 많이 친해졌고, 그들은 쉬는 시간에 자동차를 소개하는 영업 활동을 꽤나 적극적으로 했다. 한 영업사원이 필자에게 연비 좋은 자동차를 추천했다. 경쟁사 차종보다 연비가 월등히 뛰어난 제품이므로, 필자처럼 강의를 위해 전국을 돌아다니는 직업군에겐 좋은 차라고 열변을 토했다. 그 영업사원은 교육에도 열심히 참여했고, 하는 일에도 자부심이 있는 유능한 사람이었다. 말도 어찌나 청산유수인지 필자 대신 강의를 시키고 싶을 정도였다. 연비도 아주 좋은 편이고, 필자의 차도

교체할 시기가 되었기 때문에 귀를 기울이고 제품 설명을 들었으나, 필자는 그 차를 사지 않았다. 왜냐하면, 필자의 주된 관심사는 연비가 아니었기 때문이다. 필자는 중부내륙고속도로에서 끔찍한 사고 장면을 목격하였고, 그날 이후로 자동차를 살 때의 첫 번째 기준은 안전성이었다. 두 번째는 디자인이고, 세 번째가 연비였다. 즉 연비는 필자의 중요한 니즈가 아니었다. 그 영업사원은 치명적인 실수를 한 것이다. 필자에게 자동차를 판매하기 위해선 먼저 필자에게 질문을 했어야 했다. "강사님은 차를 고르실 때 제일 먼저 고려하는 기준은 뭔가요?"라고. 필자가 이런 질문을 받았다면 중부내륙고속도로에서 경험한 사고를 이야기하면서 튼튼한 차를 원한다고 말해줬을 거다. 당시 그 영업사원의 회사에도 튼튼한 차가 있었지만, 질문을 하지 않았고 판매에 실패했다. B2B 제안서도 마찬가지다. 수주에 성공하기 위해선 우선 먼저 고객의 니즈를 분석하고, 그것의 해결에 적합한 솔루션을 제시해야 한다.

1.3.3.3 고객이 얻게 될 효용을 강조한 제안

고객 관점의 제안서는 고객이 자사 솔루션을 통해 얻게 될 효용을 강조한다. 그리고 고객으로부터 좋은 평가를 받는다. 판매자 관점의 제안서는 솔루션 그 자체를 강조한다. 그리고 고객으로부터 좋은 평가를 받지 못한다. 왜 그런가? 제안서와 프레젠테이션에서 효용을 강조하면 설득이 쉬워지기 때문이다. 고객은 솔루션과 제품을 구매하지 않는다. 고객은 솔루션과 제품을 통해 얻을 수 있는 기쁨과 환희를 구매하기 때문이다. 이 책을 보는 독자들은 과거에 쓴 제안서를 펼쳐보기 바란다. 그리고 살펴보자. '내가 쓴 제안서는 고객이 얻게 될 효용을 강조한 제안서인가? 아니면 판매자의 솔루션 그 자체를 강조한 제안서인가?' 무엇을 보면 알 수 있을까? 제안서에 쓴 거버닝 메시지(헤드라인 메시지)를 살펴보면 알 수 있다. 프레젠테이션 장표의 거버닝 메시지와 스크립트를 살펴보면 알 수 있다.

예를 들어서, 거버닝 메시지가 "제안사의 홍채인식 보안 기술은 국내 최초로 특허받은 기술입니다"라고 되어 있다면 판매자 관점의 제안서다. 반면 "KB국민은행은 국내 유일의 홍채인식 보안기술을 통해 무결점의 서비스를 제공받습니다."라고 되어 있다면 고객 관점의 제안서다. 어떤 문장이 설득적일까? 당연히 후자다.

1.3.3.4 이해하기 쉬운 피라미드 구조

고객 관점의 제안서는 이해하기 쉽고 평가하기 쉽기 때문에 설득적이다. 아무리 구슬이 서 말이어도 꿰어야 보배라고 했다. 고객 요구조건을 빠짐없이 정확하게 분석하였고, 이를 해결할 최적의 솔루션을 제공한다고 해도, 그런 내용을 고객이 제안서와 프레젠테이션 상에서 이해할 수 없게 전달되었다면, 수주에 실패할 수밖에 없다. 이해하기 쉬운 제안서와 프레젠테이션이어야 한다. 특히나 평가 시간이 짧은 공공 입찰의 경우엔 더욱 중요하다. 평가위원들은 평가 하루 전날 선정되며, 평가 당일 사업의 배경도 잘 모르는 상태에서 하루 동안에 제안서와 프레젠테이션을 모두 듣고 평가를 해야 한다. 소설처럼 혹은 논문처럼 처음부터 끝까지 다 읽고서 제안서를 평가한다는 것이 물리적으로 불가능하다. 따라서 짧은 시간 안에 쉽게 이해하도록 평가자를 도와줘야 한다.

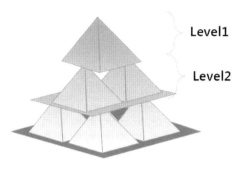

Level1

Level2

〈이해하기 쉬운 피라미드 구조〉

　어떻게 하면 고객이 제안서를 쉽게 이해할 수 있을까? 크게 보면 문장 작성 측면과 내용 구조화 측면으로 구별할 수 있다. 문장 작성 측면에서는 쉬운 용어 사용하기, **RFP**에서 요구한 양식을 사용하기 등으로 설명할 수 있다. 가능한 전문용어를 남발하지 말고, 일반 상식 수준에서 이해할 수 있는 용어를 사용해야 한다. 어느 신문사의 신문 기사 작성 매뉴얼에는 신문 기사는 중학교 3학년이 이해할 수 있는 수준으로 작성해야 한다고 나와 있다. 제안서도 크게 다르지 않다고 본다. 가능한 한 쉽게 이해할 수 있도록 작성해야 한다. 내용 구조화 측면에서는 피라미드 구조로 내용을 구조화해야 한다. 이것은 크게 두 가지를 의미한다. 첫째 핵심 주장을 먼저 언급하는 두괄식을 의미한다. 주장이 먼저 나오면 그 아래는 그것을 뒷받침하는 이유와 근거가 나온다. 제안서를 피라미드 구조로 작성하라는 두 번째 의미는 하위 내용을 요약하라는 의미다. 대체로 기술 제안서는 그 위계가 Level 1에서부터 Level 5까지 내려간다. 최첨단 기술이고, 복잡한 기술이라면 Level 8까지 내려가는 경우가 있지만, 대체로 Level 5까지 내려간다. 이런 위계 구조를 갖고 있고 하위 내용이 2개 이상으로 구성되어 있다면 반드시 요약 장표를 만들어야 한다. 그래야 평가자들이 제안서를 쉽게 이해할 수 있기 때문이다. 구체적인 내용은 작성 챕터에서 자세하게 살펴볼 것이다. 여기선 기본 개념만 이해하면 된다.

1.3.3.5 평가가 쉬운 구조

이해하기 쉬운 제안서를 작성하는 것과 더불어서 또 한 가지 고려해야 되는 것이 있다. 바로 RFP의 평가항목을 고려한 구조 취하기이다. 평가자는 시간에 쫓기기 때문에 평가항목 위주로 제안서 내용을 발췌해서 살펴본다. 앞서 말한 것처럼 소설 읽듯이 제안서를 처음부터 끝까지 다 읽는 평가자는 없다. 그럼 시간에 쫓기는 평가자들은 제안서를 어떻게 읽을까? 마치 신문 보듯이 읽는다. 요즘은 SNS 발달로 종이 신문 대신에 PC와 스마트폰으로 보지만, 불과 15여 년 전에는 종이 신문을 많이 봤다. 사람들이 신문을 보는 패턴은 거의 유사하다. 우선 큼지막한 헤드라인을 본다. 헤드라인이 관심 있는 주제면 서브 헤드라인을 읽고, 그림을 보고, 제일 작은 글씨인 세부 내용을 본다. 만약 헤드라인이 별로 관심 없는 주제라면 본문의 세부 내용을 보지 않는다. 이런 식으로 무수히 많은 정보를 담고 있는 신문을 헤드라인 별로 발췌해서 읽는다. 시간에 쫓기는 평가자들도 별반 다르지 않다. 그들은 RFP에서 요구한 목차와 평가항목 위주로 발췌해서 제안서를 읽고 평가한다. 따라서 우리는 평가자가 쉽게 평가할 수 있도록 도와주기 위해 RFP에서 요구한 목차와 평가항목의 순서와 용어를 절대적으로 준수해야 한다. 그래야만 좋은 점수를 얻을 수 있다. 사실 이것은 상식이다. 그런데 필자는 왜 적지 않은 지면을 할애해서 이런 하나 마나 한 소리를 하고 있는가? 상식이 지켜지지 않는 것을 많이 봤기 때문이다. 왜 작성자들은 상식을 지키지 않는가? 그 근본 원인은 RFP의 비논리성 때문에 그렇다. RFP를 만드는 고객은 비전문가이고, 다른 사업의 RFP를 통째로 모방하는 경우도 적지 않다. 그래서 RFP는 불완전하고, 중복되고, 비논리적이다. 이런 RFP를 가지고 제안서를 작성하려니 기가 막힌다. 그래서 RFP에서 요구한 목차를 무시하고 작성자 관점에서 목차를 새롭게 개발하여 그런 구조로 제안서를 작성하는 경우가 많다. 이러면 어떤 문제가 발생하는가? 앞서 이야기한 것처럼 평가자는 시간에 쫓기면서 평가를 하는 사람들이기 때문에 RFP 상의 목차와 평가항목 위주로 제안서를 발췌해서 평가한다. 그런데 제안서 목차가 RFP 상의 목차와 다르니 그 다급한 시간에 내용을 찾아야 한다. 이런 상황에서는 그 누구도 좋은 점수를 받기 어렵다.

2

제안 프로세스

제안 TFT의 팀워크

제안서는 Small Business가 아니라면 대체로 작게는 2명, 많게는 30명 이상이 제안서 개발에 참여한다. 그리고 다양한 관점을 지닌 다양한 부서의 사람들이 참여한다. 수주 이후의 수행 프로젝트처럼 제안서 개발 그 자체도 하나의 프로젝트다. 따라서 수행 프로젝트처럼 팀워크가 중요하다. 팀워크는 집단 동학 분야에서는 시너지라고 칭하며 두 가지 종류의 시너지가 있다. 같이 일함으로 인해 더 큰 성과를 내는 것을 긍정적 시너지라고 한다. 반면 같이 일함으로 인해 오히려 성과가 떨어지는 현상을 부정적 시너지라고 말한다.

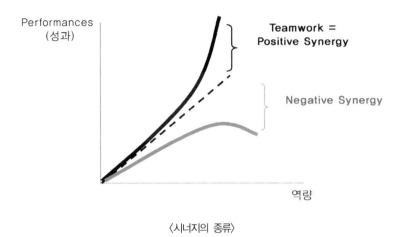

〈시너지의 종류〉

어떻게 하면 긍정적 시너지가 나올 수 있을까? 여러 요인을 꼽을수 있지만, 크게 몇 가지 요인들로 구별해 보면 다음과 같다. 먼저, 팀의 목적과 목표를 공유해야 하고, 그런 목적과 목표에 도달하기위한 과업의 범위를 설정하고, 역할과 책임을 규명하고, 역할과 책임을 성공적으로 수행할 역량이 있어야 하며, 참여 인력 간의 의사소통과 갈등을 잘 관리할 수 있어야 한다. 이런 요소를 갖추면 그프로젝트 팀은 긍정적 시너지를 발휘할 것이다

이런 긍정적 시너지 발휘 조건들이 일련의 절차로 구조화된 것이바로 제안 프로세스다. 즉 제안 프로세스에는 수주 성공이라는 궁극적 목적 달성을 위한 과업의 범위, 참여 주체별 역할과 책임, 참여 주체별 의사소통 방안이 정립되어 있어야 한다. 이렇게 제안 프로세스가 정립되어 있으면 수주율은 향상되고 제안서 개발을 위한비용과 시간은 절약된다.

제안 프로세스

제안 프로세스를 정립할 때 반드시 고려해야 할 첫 번째 조건은 고객의 구매 프로세스에 맞춘다는 것이다. 고객은 처한 상황에 따라 각기 다른 구매 프로세스를 갖고 있지만, 대체로 보면 운영, 니즈 인식, 선택, 실행의 단계로 구별할 수 있다. 운영은 고객이 특별한 문제의식과 니즈가 없는 상태를 말한다. 니즈 인식 단계는 말 그대로 문제의식과 니즈를 자각하여 그 문제를 해결하기 위한 대안을 탐색하는 단계다. 이때 고객은 RFP 초안을 개발하기 위한 솔루션 제공 업체의 정보 수집 활동에 들어간다. 여러 솔루션 업체의 영업 대표를 만나고, 공식적인 RFI를 발행하기도 한다. 이런 일련의 과정을 통해 고객은 자신이 갖고 있는 문제를 명확하게 인식하고, 구체화하는데, 이 활동의 최종 결과물이 바로 RFP다. 선택의 단계는 고객의 문제를 어느 업체가 잘 해결해 줄 수 있는지 솔루션을 비교하는 단계이며, 이런 비교 평가를 통해 고객은 하나의 솔루션 업체를 선택하여 자신의 문제를 해결하려 한다. 이것이 바로 실행의 단계다. 이런 일련의 고객 구매 프로세스는 발주 금액의 크기와 상관없이, 업종에 상관없이 모든 고객이 거치는 절차다. 따라서 제안 프로세스는 고객의 구매 프로세스와 일치시키는 것이 중요하다.

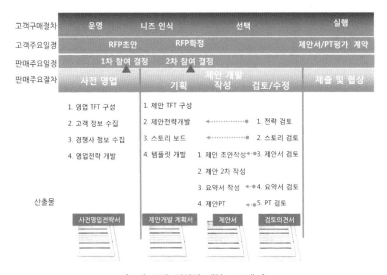

〈고객 구매 절차와 제안 프로세스〉

B2B, B2G 영업 프로세스는 크게 잠재고객을 발굴하는 단계, 발굴한 잠재고객과 상담하고 제안하는 단계, 수주에 성공한 제품 및 솔루션을 실행에 옮기는 총 3단계로 구별하는 게 일반적인 구별법이다. 그러나 제안이라는 주제로 한정하여 영업 프로세스를 살펴본다면 고객이 자신의 문제를 인식하여 제안요청서(RFP)를 발행하는 시점 전후로 사전 영업의 단계와 제안서를 개발하는 단계로 구별할 수 있다. 이런 관점과 구별법으로 이하 내용을 설명하겠다.

○ ○ ○ ○

이기는 제안서 개발

사전 영업

사전 영업이란 영어로 **Pre-Sales**를 의미한다. 그리고 사전 영업의 대비되는 용어로 사후 영업 즉 **Post-Sales**가 있다. 두 가지 영업은 어떤 기준에 의해 구별되는 것일까? 눈치 빠른 독자는 금세 파악했을 것이다. 바로 **RFP** 발행 날짜를 기준으로 구별한다. 즉 **RFP** 발행 이전에 고객과 만나서 하는 영업 활동은 사전 영업이며, 발행 이후의 제안서 및 프레젠테이션 개발과 제출 그리고 수주 이후의 고객 접촉 활동은 사후 영업이다. 엄밀하게 말하면 사전 영업과 사후 영업은 연속적으로 연결되는 활동이며, 동일한 목적을 위해 수행하는 활동이므로 본질적으로 동일한 활동이라고 할 수 있다. 고객과의 좋은 관계를 형성하여 고객에 대한 차별적 정보를 수집하고, 이를 제안서 개발에 활용하고 수주에 성공하여 수행을 하고, 수행 과정 중에도 지속적으로 고객과 접촉하여 고객의 요구를 지원해 주고, 이런 지원 활동을 통해 2차, 3차 영업 기회를 포착하는 연속 활동이기 때문이다. 이런 의미를 갖고 있는 사전 영업이 왜 중요한 것인지 구체적으로 살펴보자.

2.3.1 왜 사전 영업이 중요한가?

사전 영업이 왜 중요한가? 그 이유는 크게 3가지로 설명할 수 있다. 첫 번째, 경쟁사보다 유리한 전문가로서의 Positioning이 가능하기 때문이다. 두 번째, 차별적 정보 수집이 가능하기 때문이다. 세 번째, 사전 영업단계에서 확보한 정보를 통해 입찰경쟁에 참여할 것인가? 말 것인가?를 결정할 수 있기 때문이다. 하나씩 구체적으로 살펴보자.

2.3.1.1 경쟁사보다 유리한 전문가로서의 Positioning

RFP 발행 이전의 사전 영업 활동은 경쟁사보다 유리한 Positioning이 가능하다. Positioning이란 마케팅의 대가인 잭 트라우트와 앨 리스가 정립한 마케팅 개념으로서 소비자의 마음에 자사 브랜드에 대한 좋은 인식을 심어주는 마케팅 전략을 말한다. 사전 영업을 하면 고객의 마음속에 자사 솔루션에 대한 우호적인 인식을 심어줄 기회를 얻게 된다. 왜냐하면, 선점 효과를 누릴 수 있기 때문이다. 고객의 머리를 하얀 백지상태라고 하면, 먼저 만나는 업체의 솔루션이 고객의 머리에 선명하게 그려질 것이기 때문이다. 그리고 RFP 발행 이전에 고객을 만나면 좋은 두 번째 이유는 고객의 문제를 해결해주는 전문가로서 Positioning 할 수 있기 때문에 좋다. RFP 발행 이전의 고객의 머릿속은 복잡하고, 마음은 심란하다. 왜냐하면, 자신의 문제를 정확하게 정의하기도 어렵고, 어떻게 해결해야 할지 구체적인 방안도 없다. 그리고 자신의 문제를 해결해 줄 적합한 솔루션을 갖고 있는 업체가 어디에 있는지도 모른다. 이렇게 머리가 복잡하고 마음은 심란한데 솔루션 업체의 영업 대표로부터 만나자는 전화가 온다. 반가울 수밖에 없다. 고객은 그 영업 대표에게 많은 것을 의존한다. 자신의 문제가 무엇이고, 이 문제를 어떻게 해결해야 하는지 알게 된다. 이런 일련의 과정 속에서 그 영업 대표는 신뢰받는 전문가로서 Positioning 하게 된다.

그리고 가능하면 고객을 만날 때 고객의 일 처리 절차상 선행 단계에서 만나는 게 유리하다. 고객은 아래 그림과 같은 방식으로 일한다.

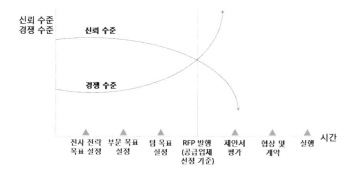

〈고객의 일처리 방식과 신뢰/경쟁 수준〉

전사 및 부문 전략을 수립하고, 팀 단위별로 전략을 수립하고 사업 목표를 구체화한다. 그리고 사업 목표 달성을 위한 기술적 요구 사항을 구체화한다. 이때 고객은 솔루션 업체에 RFI를 발송하여 관련 정보를 수집하고, RFP 초안을 만든다. 그리고 공급업체 선정을 위한 평가 기준, 이해관계자로 구성된 평가 위원회 등을 구성하여 RFP를 확정한다. 이렇게 확정한 RFP를 공급업체에 발송하고 제안서를 수령하여 평가하고, 가장 좋은 점수를 받은 업체와 계약을 체결한다. 고객사의 규모와 업종에 따라 다소 차이가 있을 순 있지만 거의 대부분의 고객사가 이런 방식으로 일을 한다.

고객을 만나기로 결심했다면 가급적 선행 단계에서 고객을 만나야 한다. 이 말의 구체적인 의미는 공급업체 선정 기준 및 절차를 수립할 때보다는 사업 목표와 관련한 기술적 요구사항을 구체화할 때 만나는 것이 유리하고, 이것보다 더 좋은 것은 기술적 요구사항을 구체화할 때 만나는 것이 더 좋고, 이것보다 더 좋은 것은 부서 전략을 수립할 때 만나는 것이 더 좋고, 이것보다 더 좋은 것은 전사 및 부문 전략을 수립하는 단계에서 만나는 것이 좋다는 의미다. 왜냐하면, 앞서 말한 것처럼 요구조건이 구체화되어 RFP를 발행하기 전까지 고객은 자신의 문제를 정확하게 정의하지도 못하고, 어떻게 해결해야 할지도 모르기 때문에 솔루션을 가진 영업 대표에게 크게 의존하기 때문이다.

직장생활을 하는 사람이라면 누구나 한 번쯤 자신이 수행하는 업무와 관련한 솔루션 업체로부터 한두 번씩의 영업 전화를 받은 적이 있을 것이다. 생각해 보자. 자신이 현재 수행하는 업무에 문제가 있고, 이를 해결하기 위해선 전문가의 솔루션이 필요하다는 생각을 하고 있는데 관련 업체로부터 전화가 온다. 이만큼 반가운 전화가 또 있을까? 반면 자신의 문제를 어떻게 해결해야 할지도 명확해졌고, 어떤 업체가 필요한지 그 조건도 명확해졌다. 이젠 업체 선정을 위한 RFP만 발행하면 되는 단계다. 그런데 솔루션 업체로부터 만나고 싶다는 전화 연락이 온다. 당신은 그 전화가 반가운가? 반갑지 않을 것이다. 그래서 고객을 만나려면 가급적 빨리 만나는 게 좋다. 고객을 가급적 빨리 만나면 경쟁사 대비 더 많은 신뢰를 얻을 수 있고 고객으로부터 공동의 문제해결자로서 신뢰를 얻을 수 있으나, 고객이 RFP를 발행하고 난 이후에 만나면 여러 많은 공급업체 중의 하나로 평가받기 때문에 경쟁은 치열하고 상대적으로 낮은 신뢰를 얻을 수밖에 없다. 다소 극단적인 표현이 될 수 있지만, RFP 발행 이전에 만나는 공급업체는 파트너로서 존중받고, RFP 발행 이후에 만나는 공급업체는 하청업체로 평가받을 가능성이 커진다.

필자는 B2B 제안 개발 관련된 강의와 컨설팅이 주 업무이지만, 영업도 한다. 필자는 고객을 매출액 규모 혹은 업종이나 필자와의 신뢰 수준으로 구별하지 않는다. 필자는 고객을 제안요청서 발행 이전에 부르는 고객과 이후에 부르는 고객으로 분류한다. 당연히 제안요청서 발행 이전에 필자를 부르는 고객을 A급 고객으로 설정한다. 왜냐하면, 그런 고객에게 제출하는 제안서의 수주 성공률이 훨씬 높기 때문이다. 그리고 필자는 제안요청서 발행 이후에 필자를 부르는 고객을 경계한다. 왜냐하면, 그런 고객에게 제안서를 힘들게 작성하고 제출해서 이긴 경험이 거의 없기 때문이다. 특히나 전혀 관계가 없는 고객이 연락을 취해 올 경우엔 그 경계심이 더 커진다. 왜냐하면, 입찰경쟁 조건을 충족시켜주기 위한 들러리로 필자를 활용하는 경우가 많았기 때문이다. 치열한 수주 경쟁에서 이기고 싶은가? 그렇다면 이 글을 읽는 독자가 제일 먼저 해야 되는 일은 제안룸의 책상에서 일어나서 고객을 만나야 한다. 고객과

만나서 고객의 문제를 해결해 줄 수 있는 전문가로서 포지셔닝하여
고객과 파트너십을 형성해야 한다.

2.3.1.2 차별적 정보 수집

RFP 발행 이전에 고객을 만나고, 가능한 한 고객 일 처리상 선
행 단계에서 만나면 좋은 두 번째 이유는 수준 높은 차별적 정보를
경쟁사보다 더 많이 얻을 수 있기 때문이다. 차별적 정보는 차별적
인 제안 전략의 씨앗이 된다. 우리가 늘 제안서를 쓰면서 고민하는
게 천편일률적인 제안서에서 벗어나고 싶다는 것이다. 상투적인 제
안서에서 벗어나기 위해선 경쟁사는 없는 차별적인 정보가 필요하
다. 사전 영업을 통해 획득할 수 있는 차별적 정보의 종류는 다음
과 같다.

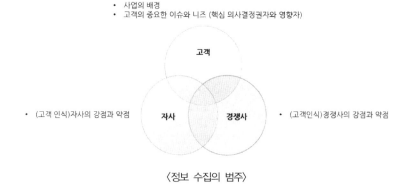

〈정보 수집의 범주〉

먼저, 고객 관련한 정보부터 살펴보자. 사전 영업을 통해 고객을
만나면 고객이 이번 시점에서, 이 정도의 규모와 조건으로 이 사업

발주를 낸 근본 목적을 알 수 있다. 근본 목적은 RFP에 나온 한 단락 혹은 두 단락의 정보만으로 파악할 수 없다. 사전 영업을 통해 고객을 만나고, 그런 만남을 통해 획득한 정보를 다각도로 분석했을 때에만 알 수 있는 정보. 그리고 사전 영업을 통해 RFP에는 명시적으로 기술되지 않은 핵심 키맨의 개인적 니즈와 취향도 파악할 수 있다.

예를 들어보자. 어느 공공기관에서 차세대 시스템 구축 사업 발주를 냈다. RFP에 명시된 공식적인 목적은 고객 중심의 경영혁신이었다. 그래서, RFP에는 경영혁신과 관련한 기술적 조건들 위주로 기술되어 있었다. 그런데, 사전 영업을 해 본 결과, 관련 부처 핵심 키맨들의 주요 관심 사항은 RFP에서는 명시적으로 언급하진 않았지만 00시에서 평가하는 경영혁신 평가에서 좋은 점수를 받아서 예년과 같은 예산을 확보하는 것이었다. 사전 영업을 통해 이런 중요한 정보를 파악한 모 SI 업체에서는 RFP의 요구조건을 100% 충족할 제안 전략과 함께 핵심 키맨들의 개인적 요구사항을 충족시켜 줄 추가 제안 전략을 수립하였다. 당시 00시에서 평가하는 공기업의 경영혁신 평가항목에는 혁신 역량이 있었다. 세부 내용으로는 학습 조직 구축 및 지식공유 시스템 활성화 정도를 평가한다고 되어 있었다. 그래서 이 업체는 학습 조직 구축 관련 인트라넷을 별도로 구축해 주겠다는 것과 함께 직원들의 변화관리 역량 개발 온라인 교육 사이트와 연계하는 인프라를 제안하였고, 좋은 평가를 받았다.

두 번째, 고객이 인식하고 있는 자사와 경쟁사 솔루션의 강점과 약점에 대해서 살펴보자.

RFP 발행 이전에 고객을 만나면 고객이 인식하고 있는 자사와 경쟁사 솔루션에 대한 강점과 약점을 파악할 수 있다. 고객의 그 인식이 객관적이지 않은 선입견 혹은 편견일 수 있다. 그러나 그런 인식이 옳은가 그른가가 중요한 것이 아니라, 고객이 그런 인식을 갖고 있는가 없는가가 중요하다. 이것에 따라서 제안 전략을 개발해야 하기 때문이다. 그런데 RFP에는 고객이 입찰경쟁에 참여하는 회사들의 강점과 약점 정보를 밝히고 있지 않다. 사전 영업을 통해서 알아내야 하는 정보다. 이런 정보를 통해 수주 성공에 필요한 제안 전략을 수립할 수 있다.

2.3.1.3 입찰 참여 여부 결정

고객 구매 프로세스에서 중요한 의사결정이 자신의 문제를 구체화하기 위한 RFP 초안을 만들고 RFP를 확정하는 활동이라면, 솔루션 및 제품 공급 회사 입장에서는 이번 수주 경쟁에 참여할 것인가를 결정하는 입찰 참여 여부 의사결정이 중요하다. 입찰 참여 여부 결정은 크게 2번 한다. 첫 번째 의사결정은 사전 영업단계에서 확보한 RFP 초안의 요구조건을 고려하여 결정한다. '과연 자사가 참여하여 수주할 가능성이 있으며, 수익이 발생하는가?' 이 질문에 대한 답을 얻기 위해 의사결정을 해야 한다.

RFP 초안상의 정보를 가지고 판단해 보니 충분히 승산이 있고, 수익성도 좋다는 의사결정을 하면 본격적으로 제안 TFT를 구성하고 제안 개발을 위한 활동을 시작한다. 그리고 제안 개발 활동에서 또 한 번의 입찰 여부 결정을 해야 한다. 공식 RFP가 발행되었기 때문에 **RFP** 분석을 통해 독소조항은 없는가? 들러리가 되는 것은 아닌가? 수익성 창출에는 문제가 없는가? 등을 고려하여 참여 여부를 결정해야 한다.

　이렇게 2번에 걸쳐서 입찰 참여 여부 의사결정을 내리는 게 중요한 이유는 두 가지로 설명할 수 있다. 첫째, 입찰에 참여하여 제안서를 작성하는 데 많은 인력과 비용이 투입되기 때문이다. 둘째, 수주 가능성이 낮은 입찰경쟁에 참여하는 데 한정된 인력과 비용을 투자하면 수주 가능성이 큰 입찰 프로젝트에 적합한 인력과 자원을 투입하지 못하기 때문이다. 사전 영업단계에서 제대로 정보를 수집하지 못하면 '과연 자사가 수주 경쟁력이 있는가?' 이 질문에 답하지 못하고, 이길 수 없는 경쟁에 참여하여 적지 않은 시간과 자원을 낭비할 가능성이 크다. 관련 의사결정을 내릴 때 체크리스트를 활용하면 효과적이다.

〈입찰 참여 여부 결정 체크리스트〉

입찰 참여 여부 의사결정 체크리스트는 크게 1. 기본 정보 2. 입찰 참여 예상 비용 3. 입찰 참여 의사결정으로 구성되어 있다. 기본 정보에는 이번 사업과 관련한 기본 정보를 입력하면 된다. 입찰 참여 예상 비용에는 이번 입찰에 참여하여 제안서와 프레젠테이션을 개발할 때 소요되는 참여 인력 비용과 인쇄 및 기타 비용을 분석하여 입력하면 된다. 입찰 참여 비용분석이 중요한 이유는 이런 분석 활동을 통해 적지 않은 비용이 소요된다는 것을 자각하기 위해서다. 입찰 참여 의사결정 체크리스트는 고객 정보, 사업 정보, 경쟁상황 정보로 구성되어 있다. 각각 5문항씩으로 구성되어 있으며 한 문항당 5점 척도로 체크한다. 5점 척도로 체크한 이후 평균점수를 도출하면 된다. 평균점수가 4점 이하면 불리한 상황이므로 입찰 참여에 신중할 필요가 있다.

〈입찰 참여 여부 의사결정 체크리스트 시트지〉

1. 기본 정보

사업명		작성자	
사업 기간		사업 금액	
예상 RFP 발행일		예상 PT 실시 일자	

2. 입찰 참여 예상 비용

2.1 참여 인력 비용

A. 총 투입 인원수 :
B. 투입 기간 :
C. 1일 투입 시간 :
D. 1인 시간당 평균 임금 :
Total : A X B X C = (   )

2.2 인쇄 및 기타 비용

E. 인쇄 비용 :
F. 기타 비용(숙박비, 제안룸 대여비, 외부 디자인 등등):
Total : E + F = (   )

2.3 총비용

참여 인력 비용 = (   )
                                    +
인쇄 및 기타 비용 = (   )
                                    =
총금액 :

3. 입찰 참여 의사결정

평가 척도(5점)   1점: 전혀 그렇지 않다. 3점: 보통이다. 5점: 매우 그렇다.

3.1 고객정보 : 우리는 고객에 대해서 잘 알고 있는가?

번호	세부 문항	척도(1점~5점)
1	(이번 사업과 연관된) 고객사의 전사 비전과 전략에 대해서 잘 알고 있다.	
2	고객사의 강점과 약점에 대해서 잘 알고 있다.	
3	고객이 왜 현재의 규모와 요구조건으로 이번 사업 발주를 냈는지 근본 목적을 잘 알고 있다.	
4	제안 평가에 참여하는 고객사 의사결정권자(핵심 키맨)의 요구사항을 잘 알고 있다.	
5	고객사의 구매 절차와 제안 평가항목에 대해서 잘 알고 있다.	

3.2 사업 정보 : 우리는 이번 사업에 대해서 잘 알고 있는가?

번호	세부 문항	척도(1점~5점)
6	사업 발주의 근본적 배경과 목적에 대해서 잘 알고 있다.	
7	자사는 이번 사업과 유사한 사업 경험을 보유하고 있다.	
8	자사는 이번 사업을 납기 내에 준수하는데 필요한 기술, 시설, 장비, 인력을 100% 보유하고 있다.	
9	자사는 이번 사업 수행 시 직면할 위험 요소를 식별할 수 있고, 적절한 위험관리 방안을 고객에게 제시할 수 있다.	
10	이번 사업 수행에 필요한 예상 비용을 도출할 수 있다.	

3.3 경쟁상황 정보 : 우리는 이번 사업의 경쟁상황을 잘 알고 있는가?

번호	세부 문항	척도(1점~5점)
11	과거 사업을 통해 고객에게 신뢰를 주었다.(첫 입찰이면 0점 처리)	
12	자사는 이번 사업의 성공적 수행에 필요한 경험과 기술을 보유하고 있다.	
13	이번 사업에 참여하는 경쟁사(강점과 약점, 고객과의 신뢰 관계 등)에 대해서 잘 알고 있다.	
14	고객과 경쟁사가 불공정한 거래를 하지 않을 것이 확실하다.	
15	복수의 경쟁사 간의 가격 담합은 없을 것이다.	

우리는 지금까지 왜 사전 영업이 중요한지 살펴보았다. 그 이유를 크게 3가지로 설명할 수 있다. 첫 번째, 경쟁사보다 유리한 전문가로서의 Positioning이 가능하기 때문이다. 두 번째, 차별적 정보수집이 가능하기 때문이다. 세 번째, 사전 영업단계에서 확보한 정보를 통해 입찰경쟁에 참여할 것인가? 말 것인가?를 결정할 수 있기 때문이다. 이제는 이렇게 중요한 정보는 어떻게 수집해야 하는가? 구체적인 방법을 살펴보자.

2.3.2 사전 영업은 어떻게 해야 하는가?

크게 두 가지로 설명할 수 있다. 사전 영업 시 고객과 만나서 대화를 나눌 때 어떤 자세를 갖추어야 하고, 어떤 정보를 수집해야 하는지 살펴볼 것이다. 먼저 기본자세에 대해서 살펴보자.

2.3.2.1 고객 이슈 규명을 위한 기본자세와 범위

사전 영업 시 고객 이슈 규명을 위해 가져야 할 기본자세는 뭔가? 고객 이슈를 규명하기 위해 가져야 할 기본자세는 크게 보면 두 가지다. 하나는 근본 목적 추구의 사고법으로 고객이 이번 사업 발주를 낸 근본 목적을 규명하는 것이며, 두 번째는 이번 사업과 관련한 고객 니즈를 크게 보고 세밀하게 관찰할 수 있어야 한다는 것이다.

근본 목적 추구 사고법을 활용해라 | 고객이 "이번 사업을 현재

시점에서 현재의 규모로 추진하는 근본 이유는 무엇인가?" 이 질문에 대한 답을 얻기 위해 활용하면 좋은 것이 바로 근본 목적추구의 사고법이다. 이 사고법은 별명이 있다. "왜(Why)?"라는 질문을 연속해서 한다고 해서 '왜, 왜, 왜(Why-Why-Why)사고법'이라고도 한다. 고객을 만나서 상담을 하게 된다면 근본 목적을 파악하기 위해 세 번 이상의 왜라는 질문을 하면 된다. 만약 고객을 직접 만나지 못한다면 상상 속에서라도 고객을 만나서 묻고, 답을 얻는 자문자답을 과정을 거쳐야 한다.

근본목적 추구 사고법

1. 고객은 왜 그런 요구를 하는가? 근본 목적은 무엇인가?
2. **Why-Why-Why** 사고법
3. 자문 자답하면서 근본 목적 생각하기 혹은
   고객과 상담하면서 근본 목적을 질문하기

〈근본 목적 추구 사고법의 기본 요령〉

예를 들어보자. 고객을 만나서 첫 번째 질문을 한다. "왜 이 시점에서 이 정도의 규모와 조건으로 이번 사업 발주를 냈나요?" 그러자 고객이 "경영혁신 때문입니다"라고 답한다. 두 번째 질문이 필요하다. "왜 경영혁신을 하죠?" 그러자 고객이 답한다. "지난해 매출액은 하락했고, 비용은 증가했기 때문입니다." 세 번째 질문이 필요하다. "왜 매출액은 하락했고, 비용은 증가했나요?" 고객은 또 대답해 준다. "외부적인 요인으로는 중국 경기가 안 좋습니다. 내부적으로는 영업부서와 생산부서 간의 의사소통 오류가 많아서 실시간

의사소통이 힘들고, 의사소통이 힘드니 의사소통의 질이 안 좋고, 좋은 정보가 소통이 잘 안 되니, 결국엔 의사결정의 질이 떨어지는 악순환이 반복되고 있습니다.” 이렇게 ‘왜, 왜, 왜’를 통해 근본 목적을 파악한다면 경쟁사 대비 차별적인 정보를 알게 되었으므로, 차별적인 제안 전략을 도출할 수 있는 토대를 갖추게 된다. 근본 목적 추구 사고법은 발주 배경과 목적을 파악할 때만 적용되는 사고법이 아니며, 차별적 제안 전략을 도출할 때 필요한 기술적/관리적 이슈, 핵심 키맨의 개인적 니즈, 구매 센터 정보 등 모든 영역에 걸쳐 활용하면 효과만점인 사고법이다.

고객의 이슈와 니즈를 대관세찰하라 | 고객과 관련한 정보를 파악하는 두 번째 요령은 ‘대관세찰(大觀細察)’이다. 말 그대로 크게 보고, 세밀하게 관찰하라는 뜻이다. 이런 태도를 지향하면 고객의 니즈를 누락 없이 분석할 수 있을 뿐만 아니라, 고객정보의 논리적 인과성을 파악할 수 있어서, 고객정보에 대한 명확한 이해가 가능해진다.

고객정보를 대관세찰하기 위해선 한 손에는 망원경이 필요하고, 다른 한 손엔 현미경이 필요하다. 망원경은 크게 그리고 멀리 보기 위해 필요하다. 고객사의 외부환경, 전사 비전과 전략, 사업 발주 배경과 목적 등의 거시적 정보를 파악해야 한다. 그리고 현미경으로는 기술적/관리적 이슈와 핵심 키맨의 개인적 니즈를 세밀하게 관찰해야 한다. 그리고 이런 모든 정보는 파편적인 정보가 아니라 일정한 논리적 인과성을 갖고 있다. 이런 인과 관계 속에서 관련 정보를 파악하면 정보의 의미를 보다 쉽게 이해할 수 있다. 고객사의 외부환경 트렌드가 원인이 되어서 고객사 비전과 전략에 영향을 미치고, 비전과 전략이 원인이 되어서 이번 사업 발주의 배경과 목적이 되고, 발주의 배경과 목적이 원인이 되어서 이번 사업의 기술적/관리적 이슈의 원인이 되고, 이것이 고객사 핵심 키맨의 개인적 이슈에도 영향을 미친다.

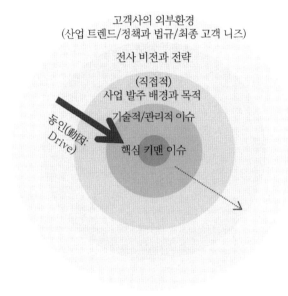

〈대관세찰을 통한 고객 이슈 규명〉

2.3.2.2 고객 이슈 관련 정보 수집의 초점

앞에서 설명한 대관세찰의 구체적인 내용을 살펴보자. "이번 사업을 현재 시점에서 현재의 규모로 추진하는 근본 이유는 무엇인가?"라는 질문에 대한 해답을 얻겠다는 목적을 견지하면서 아래 제시된 질문 리스트의 정보를 구해야 한다.

63

구분	정보 수집의 초점
고객사의 외부환경	• 고객사가 속한 산업과 업종에 직접적 영향을 주는 정치, 경제, 사회, 문화, 기술적 요인은(Key Drivers) 무엇인가? • 고객사의 최종 고객의 니즈와 트렌드는 무엇인가?
고객의 비전과 전략	• 고객사의 미션과 비전은 무엇인가? • 고객사의 차별적 솔루션은 무엇인가? • 고객사의 경쟁환경은 어떠한가? • 고객사의 전사 및 부문 전략은 무엇인가? • 고객사의 정보화 전략 계획(ISP)상의 이슈는 무엇인가?
(직접적) 사업 발주 배경과 목적	• 경영상의 핵심이슈는 무엇인가?(시장점유율 확대, 매출 증가, 원가 절감, M&A 등) • 이번 사업을 통해 달성하려는 경영상의 목적과 목표는 무엇인가?(정성적/정량적 기대효과) • 기존 시스템의 문제점과 한계는 무엇인가?
기술적/관리적 이슈	• 이번 사업의 목적/목표 달성에 필요한 핵심기술적/관리적 이슈는 무엇인가?(CSF) • 선행사업과 관련된 기술적/관리적 이슈는 무엇인가? • 핵심 솔루션을 보유한 컨소시엄 상의 이슈는 무엇인가?
구매 센터 정보	• 구매 관련 사업 부서 • 구매 절차상의 독특성 • 구매 평가(평가위원 선정/평가 방법)
핵심 키맨 이슈	• 핵심 키맨의 개인적 이슈는 무엇인가? • 핵심 키맨 간의 정치적 갈등 이슈는 무엇인가?

'구슬이 서 말이어도 꿰어야 보배'라는 속담이 있다. 이 속담이 사전 영업을 해야 하는 우리에게 주는 함의는 간단하다. 수집한 정보를 기록하고 DB(DataBase)에 저장하고 공유해야 이기는 제안서 개발에 도움을 받을 수 있다는 뜻이다. 어떻게 해야 가능한가? 아래 시트지를 활용하면 된다.

〈사전 영업정보지(Pre-sales Information)〉

1. 기본 정보

사업명		작성자	
사업 기간		사업 금액	
예상 RFP 발행일		예상 PT 실시 일자	

2. 고객 조직

2.1 사업 발주 배경과 목적

- 경영상의 핵심이슈는 무엇인가?(시장점유율 확대, 매출 증가, 원가 절감, M&A 등)

- 이번 사업을 통해 달성하려는 경영상의 목적과 목표는 무엇인가?
  (정성/정량적 기대효과)

- 이번 사업과 관련된 기존 시스템의 문제점과 한계는 무엇인가?

- 기타(예상 사업 기간 / 비용 등)

2.2 기술적/관리적 이슈

- 이번 사업의 목적/목표 달성에 필요한 핵심기술적/관리적 이슈는 무엇인가?(CSF)

- 선행사업과 관련된 기술적/관리적 이슈는 무엇인가?

- 핵심 솔루션을 보유한 컨소시엄 상의 이슈는 무엇인가?

2.3 구매 센터 정보

구매 관련 사업 부서 :

구매 절차상의 독특성 :

구매 평가(평가위원 선정/평가 방법):

2.4 핵심 키맨 정보(외부 평가자 그룹의 이슈도 기술할 것)

이름	직급	개인적 관심 이슈

3. (고객이 인식하는) 자사 및 경쟁사 솔루션의 강점과 약점

구분	강점	약점
자사		
경쟁사 1		
경쟁사 2		

4. 해당 사업의 핵심이슈와 예상 경쟁 전략

작성 안내 지침 : 사업 발주의 배경, 기술적/관리적 이슈, 구매 센터 정보, 핵심 키맨
이슈 등을 종합적으로 분석하여 본 사업의 핵심이슈와 비중을 결정
하기

핵심이슈	비중(100%)	자사 예상 솔루션	경쟁사 예상 솔루션
1.			
2.			
3.			
4.			
5.			

5. 기타 List-up 자료

- 본 사업에 영향을 미치는 고객의 외부환경 정보:
  - 고객사가 속한 산업과 업종에 직접적 영향을 주는 정치, 경제, 사회, 문화, 기술적 요인은(Key Drivers) 무엇인가?
  - 고객사의 최종 고객의 니즈와 트렌드는 무엇인가?

○○○○

이기는 제안서 개발

- 본 사업의 거시적 배경인 고객의 비전과 전략 :
  - 고객사의 미션과 비전은 무엇인가?
  - 고객사의 차별적 솔루션은 무엇인가?
  - 고객사의 경쟁환경은 어떠한가?
  - 고객사의 전사 및 부문 전략은 무엇인가?
  - 고객사의 정보화 전략 계획(ISP)상의 이슈는 무엇인가?

작성 방법은 어렵지 않다. 시트지에 나온 항목별 질문에 답하면 되기 때문이다. 가장 중요한 것은 4번의 해당 사업의 핵심이슈와 예상 경쟁 전략을 작성하는 것이다. 이 항목을 잘 작성하기 위해선 1번부터 3번까지의 문항을 충실하게 작성해야 한다. 그래야만 4번 항목을 막힘 없이 작성할 수 있을 것이다.

2.3.3 사전 영업 정보 획득과 관리

고객에 대한 정보는 많으면 많을수록 좋다. 이유는 정보가 많아야 그 정보의 신뢰성과 타당성을 검증할 수 있기 때문이다. 고객의 중요한 니즈, 그리고 고객이 생각하는 자사와 경쟁사의 정보는 객관적 실체로 존재하는 것이 아니라 주관적 인식으로 존재하는 정보들이다. 즉 고객의 머리와 가슴에 담겨 있는 정보들이다. 더군다나 B2C와 달리 B2B는 혼자서 구매 결정을 내리지 않고 구매 센터를 활용하여 집단적으로 구매 의사결정을 내린다. 한 명이 아닌 여러 명의 고객 마음을 분석해야 한다. 그리고 그런 고객의 마음을 분석하는 자사 제안 TFT도 여러 명이고, 관점이 다 다르다. '고객이 이번 사업에서 중요하게 생각하는 니즈가 비용 절감인가?' 아니면 '기간 준수인가?' 아니면 '기술적 완성도인가?' 그리고 '고객은 자

사 솔루션에 대해 호의적인가, 경쟁사에 대해선 적대적인가?' 제안
TFT는 늘 혼란스럽고 늘 난상토론을 벌인다. 제안서 초안을 작성
하기 전까지 명확한 정보에 기반한 제안 전략이 도출되어야만 제안
메시지가 변경되어 제안서를 수시로 대폭적으로 개정하는 비효율을
방지할 수 있다. 그런데 말처럼 쉽지 않다. 늘 제안 TFT의 PM은
고민스럽다. 어떻게 해야 될까?

완벽한 정답은 없다. 그러나 차선책은 존재한다. 바로 '장님 코끼
리 만지기'의 오류에서 벗어나기 위해 모든 장님들이 만나서 자신
이 갖고 있는 모든 정보를 모으는 것처럼 파편적인 조각의 정보를
결합하는 것이다.

모든 이해관계자가 모든 정보를 모으고 DB화하여 공유하면 된
다. 이를 양질전화(量質轉化)의 법칙이라고 한다. '많은 양이 질의
변화를 촉진한다'라는 의미다.

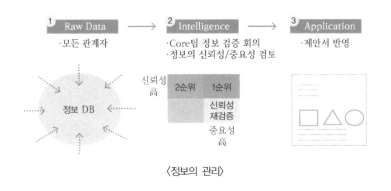

〈정보의 관리〉

위 그림은 '장님 코끼리 만지기의 오류'에서 벗어나기 위한 양질

이기는 제안서 개발

전화의 구체적인 방법을 제안 전략의 수립과 적용의 관점에서 도식화한 그림이다. 첫 단계는 모든 관계자가 고객에 대한 정보를 수집하여 DB화해야 한다. 2단계는 그렇게 모은 정보의 신뢰성과 타당성 검증을 위한 분석 평가 과정을 거친다. 이를 통해 정보의 옥석이 결정된다. 3단계는 신뢰하고 타당한 정보를 가지고 전략을 수립하고 제안 전략에 반영하는 것이다.

정리하자. 차별적인 제안 전략은 차별적인 정보로부터 시작한다. 그런데 차별적 정보를 과연 신뢰할 수 있는지? 타당한 정보인지? 늘 고민스럽다. 이 고민을 해결하기 위해선 많은 양의 정보가 모여야 한다. 많은 양의 정보를 모으기 위해선 RFP 발행 이전에 고객을 만나는 게 그 무엇보다 중요하다. 그리고 고객을 만나서 적합한 질문을 적합한 방법으로 던져서 적합한 정보를 수집해야 한다. 좋은 제안서를 쓰고 싶은가? 그렇다면 제안룸의 책상에서 일어나서 고객을 만나야 한다.

제안서 개발의 단계

사전 영업을 충실하게 해서 관련 정보
를 수집하였다면, 이번 사업에 참여하면 수주할 가능성이 큰 사업
인지, 아닌지 타당한 의사결정을 내릴 수 있다. 분석해 보니 충분히
승산이 있는 사업이라고 판단하였다면 이제부터 본격적으로 제안서
개발 단계로 진입해야 한다. 크게 기획, 작성, 검토 및 수정의 3단
계로 구성된다.

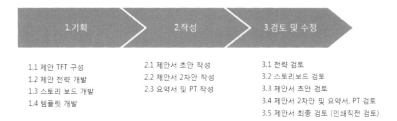

3

제안서 개발: 기획

제안 TFT 구성

전체 제안 프로세스의 사전 영업단계에서 고객에 대한 정보를 수집하고 분석하였다. 그 결과로 본 사업에 충분한 승산이 있다는 판단을 하여 입찰에 참여하기로 결정을 하였다면, 본격적인 제안서 개발 활동이 시작하게 된다. 회사마다 다소 차이가 있지만, 대체로 제안서 개발의 첫 단계는 제안 TFT를 결성하는 것이다. 이렇게 제안 TFT를 구성할 때 중요한 것은 남는 인력이 아니라 적합한 사람을 적합한 규모로 선발해야 한다는 점이다. 말처럼 쉽지 않다. 늘 현장에서는 사람이 부족하다. 하물며 수주에 100% 성공한다는 보장도 없는 입찰경쟁 제안서를 작성하기 위해 최정예 인원을 제안 TFT에 배치한다는 것은 결코 쉬운 결정이 아니다. 그런데, 한번 곰곰이 생각해보자. 제안서 작성 경험도 없고, 솔루션 전문성도 떨어지고, 고객에 대해서도 잘 모르는 사람들로 제안 TFT를 구성하여 수주 경쟁에서 승리할 수 있을까?

그래서 중요한 것이 선택과 집중이다. 모든 사업에 참여하는 것이 아닌 승산이 있는 사업에 참여하는 것이 그래서 중요하다. 제안

TFT를 구성하기에 앞서서 사전 영업단계에서 적합한 정보를 수집하여 입찰 참여 여부를 결정하는 것이 그 무엇보다 중요하다. 그리고 현실적으로 적합한 인력이 사내에 없다면 외부 전문가들과 협력하는 것도 대안이 될 수 있을 것이다.

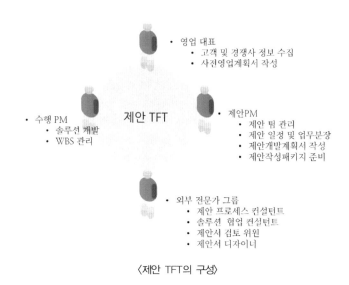

〈제안 TFT의 구성〉

대체로 보면 제안 TFT는 위의 그림처럼 크게 4 주체로 구별할 수 있다. 각각의 주체는 그 역할과 책임이 다르다. 영업 대표는 고객과 경쟁사에 대한 정보를 수집하여 관련 정보를 제안 TFT에 전달하는 역할을 수행해야 한다. 제안 PM은 제안서 개발이라는 프로젝트 책임자로서, 일정과 과업, 사람 관리를 수행한다. 수행 PM은 고객의 문제를 해결해줄 솔루션을 정의하는 역할을 수행한다. 외부 전문가 그룹은 크게 보면 솔루션 협업 전문가, 제안 커뮤니케이션 전문가, 디자인, 그리고 제안서 검토 위원으로 구별할 수 있다.

제안 전략

제안서 기획 단계에서 가장 핵심적 활동은 제안 전략을 수립하는 단계다. '제안 전략을 수립한다'라는 말은 고객의 문제를 해결할 차별적 솔루션과 고객의 머리와 가슴에 효과적으로 전달할 차별적 커뮤니케이션 방법을 수립한다는 뜻이다. 따라서 제안 개발 단계에서 가장 핵심적인 활동이다. 따라서 반드시 시간을 확보하여 도출해야 하지만, 많은 회사에서 기획 시간을 확보하지 않고 전략을 도출하지 않은 채로 제안서를 작성한다. 그러다 보면 핵심이 빠진 천편일률적인 제안서를 작성하게 된다.

그렇다면 '전략'이란 무엇일까? 두산 백과사전에 전략을 검색하니 '전쟁에서의 승리를 위해 여러 전투를 계획·조직·수행하는 방책'이라고 나온다. 교육심리학 용어 사전에서는 '문제를 해결하거나 과제를 수행하기 위해 수행하는 체계적인 인지적 조작 활동'을 뜻한다. 그렇다면 입찰 수주 경쟁에서는 전략을 어떻게 정의하는가? 간단히 말해 이기는 방법이다. 경쟁이 치열한 수주 경쟁에서 이기기 위해선 어떻게 해야 하는가? 고객을 설득해야 한다. 고객을 설득하기 위해선 어떻게 해야 하는가? 자사 솔루션을 구매할 때 지불하는 가격보다 얻을 수 있는 가치가 경쟁사의 가치보다 더 크다는 것을 설득해야 한다. 즉 입찰 수주 경쟁에서의 전략이란 고객에게 차별적 가치를 제공하는 차별적 솔루션을 정의하여 잘 전달하는 것을 의미한다.

필자가 이렇게 적지 않은 분량으로 제안 전략을 언급하는 이유는 사업수행 전략과 제안 전략이 엄연히 다른 개념이기 때문이다. 많은 작성자들이 두 개념을 혼동한다. 개념을 혼동하면 제대로 된 전략 수립을 할 수 없다. 사업수행 전략은 고객이 발주를 낸 사업의 배경을 이해하고, 사업의 목적과 목표를 규명한 이후에 그런 목적과 목표에 도달하기 위한 제안사의 기술적, 관리적 접근 방법을 의미한다. 위에서 살펴본 교육심리학에서 정의한 전략의 개념과 유사하다. 반면 제안 전략은 전쟁에서의 승리를 의미한다는 두산백과의 전략 정의와 유사하다. 양자는 확연히 다르니 혼동하면 안 된다.

이런 의미를 갖고 있는 전략은 어떻게 도출해야 하는가? 다음 그림을 살펴보자.

다음 그림은 매킨지 컨설팅의 오마에 겐이치가 고안한 3C 그림이다. 그림은 고객, 자사, 경쟁사의 원으로 구성되어 있다. 이 그림이 의미하는 바는 간명하다. 먼저 고객의 문제 즉 니즈를 알아야 한다는 것이고. 이 문제를 해결하기 위해 경쟁사는 없는 차별적인 솔루션은 무엇인가를 결정해야 한다는 의미다.

〈제안 전략의 개념〉

즉, 이 그림을 보면, 제안 전략 수립을 위한 첫 번째 활동은 고객의 문제 정의다. 로마 시대의 정치가, 웅변가, 변호사로서 명성을 얻었고 수사학을 대중적으로 발전시킨 사람은 키케로다. 그는 현대의 대중 연설 기법에 지대한 영향을 미친 사람이다, 그는 설득과 관련하여 다음과 같은 말을 했다. "당신이 나를 설득하고자 한다면 당신은 반드시 나의 생각을 생각해야 되고, 나의 말을 해야 되고, 내가 느끼는 것을 느껴야 한다."

키케로는 '반드시'라는 말로 단호하게 말한다. 청중을 설득하기 위한 다른 대안은 존재하지 않는다고 말한다. 사실 이 말은 너무나도 당연한 말이다. 설득할 대상자를 모르면서 그들을 설득한다는 것은 불가능하다. 그러나 막상 제안서를 준비할 때 가장 못 하는 것 중의 하나다. 어느 업체에서는 수주를 위한 PT를 준비하면서 제안룸에 핵심 청중들의 사진과 그들의 인적 사항 그리고 그들이 이번 프로젝트에서 무엇을 원하는지를 정리한 청중 분석 프로파일을 붙여 놓고 작업을 준비한다. 이 회사에서는 키케로가 말한 설득의 기본 원칙을 실천하고 있었던 것이다.

앞서 우리는 전략의 의미를 살펴보았다. 이렇게 중요한 전략을 어떻게 도출해야 하는가? 방법을 살펴보자. 크게 보면 다음과 같다.

- 고객 니즈 규명
- 유사한 니즈의 범주화(3-5개)
- 핵심차별화(Unique Selling Point) 규명
- 커뮤니케이션 전략 규명

위 내용을 하나씩 살펴보자.

3.2.1 고객의 니즈 규명

고객의 니즈란 고객을 괴롭히는 문제를 의미한다. 문제는 현재 상태와 원하는 상태 간의 갭으로서 고객을 고통스럽게 만드는 것으로서 해결이 필요한 문제다. 현재와 미래의 원하는 상태 간의 갭이 클수록 고통은 커진다.

이런 의미를 갖고 있는 고객의 니즈는 무척 다양하며, 중요한 니즈와 상대적으로 중요성이 떨어지는 니즈로 구별된다. 이기는 제안 전략을 도출하기 위해선 철저하게 20대 80의 법칙을 준수해야 한다. 20대 80의 법칙이란 20%의 원인이 80%의 결과를 이끈다는 의미다. 이 법칙을 마케팅에 적용하면 20%의 고객이 전체 매출의

80%를 담당한다는 의미다. 이 법칙을
인사관리에 적용하면 20%의 핵심 인
재가 회사 전체 매출의 80%를 담당
한다는 의미다. 이 법칙을 제안 전략
개발에 적용하면 20%의 핵심 니즈를
고려한 제안 전략이 수주 성공률의
80%를 담당한다는 의미로 해석할 수
있다. 즉, 이 법칙이 우리에게 주는

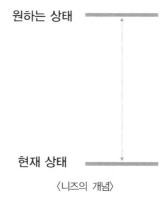

〈니즈의 개념〉

함의는 간명하다. 지엽적인 고객 니즈에 초점을 두지 말라는 것이
다. 다시 말해 한 줌 소금을 얻으려 바닷물 전체를 끓이려 하지 말
라는 것이다.

　필자가 강의 중에 20대 80의 법칙을 염두에 두고 핵심 니즈를 파
악해야 한다고 말하면, 늘 나오는 반론이 제안요청서 상의 평가항목
모두에서 좋은 점수를 얻어야만 수주에 성공하는 것이 아닌가라는
것이다. 이 반론의 의미는 핵심과 비핵심을 구별하는 것은 중요하지
않다는 것이다. 고객이 요구한 모든 요구조건을 충족할 수 있어야만
수주에 성공하는 것 아닌가라는 반론이다. 이 책을 읽는 독자는 어
떻게 생각하는가? 이 반론이 타당하다고 생각하는가?

　필자는 이런 반론이 나올 때마다 평가자는 제안서를 Evaluation
하는 것이지 Measurement 하지 않는다는 말을 한다. Evaluation은
'평가'를 의미하고, Measurement는 '측정'을 말한다. 평가라는 말
속에는 평가자는 제한된 합리성을 지닌 주관적 평가자로서 평가를
한다는 의미가 내포되어 있다. 측정이라는 말속에는 객관적 측량의
의미가 내포되어 있다. 제안서를 평가한다는 말은 평가자가 평가할

때 모든 수치와 데이터를 꼼꼼히 분석해서 판단하지 않고, 적당한 정보를 가지고 판단을 한다는 의미다. 평가를 할 때 비합리적인 감정에 휘둘릴 수 있다는 의미다. 이것을 실험으로 입증한 사람이 노벨 경제학상을 수상한 대니얼 카너먼(Daniel Kahneman)이라는 심리학자다. 이와 관련된 대표적인 실험을 살펴보자.

> *"의사가 수술에 들어가기 전에 환자에게 수술에 따른 위험성을 함께 전달한다. 이때 의사가 먼저 수술받은 환자 1000명 가운데 995명이 살았다고 말할 수 있고, 반대로 5명이 죽었다는 사실을 부각시킬 수도 있다. 수학적으로 똑같은 확률이지만 70% 이상이 첫 번째 가능성을 선택했다."*
> *"유사한 방식으로 고기의 품질을 평가하는 실험을 했다. 한 그룹에는 다진 고기 중에서 살코기가 75%라고 말했고, 다른 그룹에게는 지방 성분이 25% 함유되어 있다고 했다. 이때 지방 성분을 언급한 그룹은 고기의 질이나 맛을 더 낮게 평가했다. 노벨 경제학상 수상자인 대니얼 카너먼과 그의 동료 아모스 트버스키(Amos Tversky)는 이를 뇌의 제한적 합리성이라고 했다."*

이러한 실험 결과가 의미하는 것은 명백하다. 인간이 어떤 판단을 할 때 감정이 개입된다는 것이다. 위의 수술 위험 안내 실험에서 1000명 중 995명이 살았던 수술이라는 말을 들었을 때 그 수술을 선택한 사람이 많았던 이유는 '살았다'라는 그 단어에서 긍정적이고 유쾌한 감정이 촉발되었고, 그것이 판단에 영향을 미쳤다는 것이다. 기쁨과 환희, 두려움과 분노라는 감정에 휩쓸려 비합리적인 판단을 내리는 존재가 바로 인간이라는 존재다. 수백 년 동안 인간은 분석적이고 합리적이고 세심한 방식으로 판단을 한다는 가정이 존재해 왔다. 그러나 그 가정이 잘못되었다는 것이 계속해서 밝혀지고 있다. 뇌에 큰 손상을 입은 환자를 대상으로 한 실험에서 감정을 다루는 뇌 영역이 손상된 환자들은 일상생활에서의 아주 간단한 판단도 내리지 못한다는 것이 밝혀졌다. 뇌를 스캔하는 자기 공명 장치로 분석을 해 보니 인간이 어떤 의사결정을 내릴 때 분석을 담당하는 뇌의 영역과 감정을 다루는 뇌의 영역 간에 긴밀한 협력을 한다는 것이 밝혀졌다. 유명한 세일즈 격언 중에 '고객은 감성으로 제품을 구매하며, 논리로서 그 구매를 정당화한다.'라는 말이 있다. 이 격언 속에서 알 수 있듯이 어떤 판단을 내릴 때 기쁨, 두려움, 슬픔, 즐거움 등의 감정이 중요한 역할을 담당하고 있다.

제안서를 측정한다는 말은 평가자가 제안서를 인공지능처럼 감정의 개입 없이, 주관적인 가치 판단 없이 객관적으로 측정한다는 의미다. 이렇게 인공지능처럼 판단하는 평가자가 있을까? 불가능에 가깝다. 좋든 싫든 평가를 할 때 감정적 판단, 주관적 가치 판단은 불가피하다. 그렇기 때문에 핵심적 요구사항과 비핵심적 요구사항을 구별하는 것은 중요하다. 핵심적 요구사항을 경쟁사보다 더 우수하게 해결해줄 수 있다고 설득한다면, 다른 비핵심적 요구사항에 대한 평가에 영향을 미칠 수밖에 없다. 따라서 핵심과 비핵심의 구별은 제안 전략 도출 시 중요하다.

이렇게 핵심과 비핵심을 구별하는 게 중요하다면, 어떻게 하면 한 사업을 관통하는 핵심적 요구사항을 도출할 수 있을까? 어떻게 하면 고객이 요구하는 무수히 많은 요구사항 중에서 20%에 해당하는 핵심을 파악할 수 있을까? 고객의 니즈를 종합적으로 분석해야 한다. 이때 세 가지를 고려한다.

✓ 대관세찰하기
✓ 고객의 두 가지 요구사항 고려하기
✓ B2B 구매 센터 각 주체별 니즈 파악하기

3.2.1.1 대관세찰하라

'이번 사업에서 고객은 무엇을 중요하게 생각하는가?', '고객의 많은 니즈 중에서 어떤 니즈가 20%의 중요한 니즈인가?', '왜 고객은 현재의 시점에서, 이 정도의 규모와 조건으로 발주를 하였는가?' 이 질문에 대한 답을 얻기 위해선 대관세찰이 필요하다. 앞서 살펴본 것처럼 이 말은 크게 보고, 세밀하게 관찰하라는 뜻이다. 이를 통해 고객의 니즈를 누락 없이 분석할 수 있을 뿐만 아니라, 고객 니즈의 논리적 인과성을 파악할 수 있어서, 고객 니즈에 대한 명확한 이해가 가능해진다. 이를 통해 제안서라는 배가 산으로 가지 않게 된다. 제안서 작성의 방향이 명쾌해진다. 전체 숲을 보면서, 나무를 봐야 쓸데없는 일을 하지 않기 때문이다. 무엇을 강조해야 되고, 무엇을 생략해도 되는지 쉽게 파악하게 된다.

공공의 사례다. 예전에 필자는 비행기에 실리는 장비 사업에 참여한 적이 있다. RFP에 계속해서 등장하는 단어가 소형화와 경량화라는 단어였다. 이런 기술적 요구조건은 어디서 비롯된 것일까? 갑자기 하늘에서 뚝 떨어진 것이 아니다. 분명한 사업 배경 속에서 등장한 기술적 조건이다. 그렇다면 그 사업 배경이 뭘까? 그것은 바로 우리나라에서 개발할 비행기의 작전반경과 관련되어 있었다. 또한, 작전반경은 국방개혁 비전이라는 큰 그림 속에서 등장한 하위 개념이었다. 이런 큰 맥락을 알고 쓴 제안서와 모르고 쓴 제안서는 큰 차이가 있다.

공공 제안 사례를 살펴보자. 예전에 필자는 무기체계에 실리는 장비 사업에 참여한 적이 있다. 100억이 넘어가는 대다수 사업이 그러하듯이 이 사업에서도 고객의 기술적 요구사항은 100개가 넘었다. 이 많은 요구사항에서 핵심과 비핵심을 구별하여 제안 전략을 도출하는 것이 그 무엇보다 중요했다. 핵심이 파악되어야 제안 전략의 초점이 명확해지기 때문이다. 전략의 초점이 명확해져야 작성자들의 작성 방향이 명확해지기 때문이다. 그래서 필자와 제안팀은 사전 영업을 통해 획득한 정보와 제안요청서 상의 요구조건을 분석하여 핵심적 요구사항을 대관세찰의 방법으로 파악하였다. 먼저 우리는 발주처가 처한 외부환경인 국내외 안보환경과 미래전의 양상, 국방개혁의 비전과 방향을 분석하였다. 그리고 이 분석한 결과와 발주처의 발주 배경과 목적을 인과 관계로 분석해 보니, 제안요청서 상에 기술된 발주 배경과 목적이 보다 선명하게 이해되었다. 그리고 보다 선명하게 이해하게 된 발주 배경과 목적을 가지고 100개가 넘는 기술적 요구사항을 연계하여 분석하니 이번 사업의 핵심기술 사항을 파악할 수 있었다. 그것은 바로 소형화, 경량화와 관련한 기술적 요구사항이 그 무엇보다 중요하다는 것이었다. 왜냐하면, 장비가 소형화, 경량화되지 않으면 그 장비가 실린 무기체계의 작전반경이 크게 달라지기 때문이었다. 이런 20%의 핵심 요구사항을 알고서 제안서를 쓰는 것과 모르고서 제안서를 쓰는 것은 차이가 크다. 초점이 분명한 제안서가 고객을 설득할 수 있다. 초점이 분명한 제안서를 작성하기 위해선 대관세찰은 필수다.

3.2.1.2 고객의 두 가지 니즈를 고려하라

앞에서 살펴본 것처럼 고객의 요구조건은 빙산 모델로 설명하면 크게 두 가지로 설명할 수 있다. 빙산 위의 요구조건은 언급된 요구조건 혹은 RFP 상에서 명시적으로 요구한 조건이다. 반면 빙산 아래 요구조건은 고객이 RFP 상에서 명시적으로 요구하진 않았지만, 고객에게 중요한 요구조건이다. 빙산 아래 요구조건은 크게 핵심 키맨의 개인적 니즈, 핵심 키맨의 무지와 편견, 사업의 근본 목적과 배경 등이라고 살펴보았다. 이런 사항을 모두 도출해야 한다.

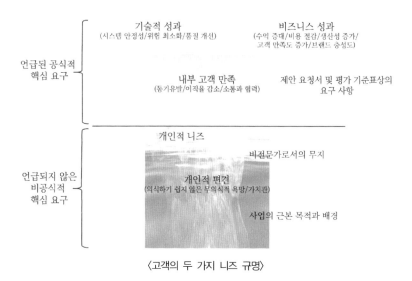

〈고객의 두 가지 니즈 규명〉

3.2.1.3 B2B 구매 센터

구매 센터란 고객 조직 내에서 집단적 구매 의사결정을 내리기 위해 만든 조직이다. 발주의 규모와 성격에 따라서 그 규모는 달라지지만 대체로 2개 이상의 부서에서 2명 이상의 사람들이 개입한다. 이런 의미를 갖고 있는 구매 센터는 그 역할과 책임에 따라서 크게 의사결정권자와 영향자로 구별된다.

각 주체별로 역할과 기본적인 니즈가 다르므로 살펴보는 것이 의미가 적지 않다. 의사결정권자는 말 그대로 이번 구매 건과 관련하여 의사결정 권한이 있는 사람을 말한다. 반면 영향자는 의사결정권자에게 영향을 미치는 사람을 의미한다. 의사결정권자가 직급이 높은 임원 혹은 CEO라면 그들의 기본적인 관심 사항은 매출액, 시장점유율, 수익성과 비용이다. 영향자는 크게 보면 사용자, 재무관리자, 기술자, 구매 관리자로 구별할 수 있다. 사용자는 솔루션을 직접 사용하는 주체로서 기본적인 요구사항은 그 솔루션을 통해 직접적으로 얻을 수 있는 효용과 사용 편의성이다. 재무관리자들은 솔루션 구매에 들어가는 비용과 이 비용을 어떻게 회수할 수 있는가에 큰 관심을 갖고 있다. 기술자들은 솔루션의 기술적 완성도를 평가할 전문성을 갖고 있는 내부 직원과 외부 자문단이다. 이들의 기본적 요구사항은 기술적 완성도로서 기술적 결함 여부에 관심을 갖고 있다. 구매부서는 기본적으로 구매 절차 준수 여부에 관심을 갖고 있다. 이런 구매 센터 내 주체별 기본적 요구사항을 고려하여 이들 모두의 요구사항을 제안서에서 다루는 것이 중요하다.

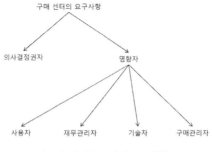

〈구매 센터의 주체별 요구사항〉

3.2.2 범주화

앞에서 우리는 고객의 니즈를 여러 측면을 고려하여 도출하였다. 여러 측면에서 도출하였기 때문에 중복되는 니즈가 있을 것이고, 지엽말단의 니즈도 있을 것이다. 그래서 이 단계에서는 유사한 속성을 띠는 요구는 하나의 니즈로 범주화하고, 지엽말단의 니즈는 과감하게 버리는 작업을 해야 한다. 이때 가능하면 3-5개의 니즈로 범주화하는 것이 좋다. 철저하게 20대 80의 법칙에 입각하여 니즈를 범주화한다. 아래 그림은 중복되는 니즈를 범주화한 예시다.

〈유사한 니즈의 범주화〉

3.2.3 핵심차별화(USP) 규명

고객의 니즈가 규명되었으므로, 이젠 핵심차별화 요소를 도출해야 한다. 핵심차별화(USP: Unique Selling Point)는 크게 경쟁사 대비 경쟁우위의 (+)핵심차별화 요소와 경쟁사 대비 경쟁열위의 (-)핵심차별화 요소가 있다.

핵심차별화 요소가 되기 위해선 크게 2가지 조건을 만족해야 한다. 첫째, 고객이 원하는 것이어야 한다. 둘째, 경쟁사는 없는 것이어야 한다. 아래 그림으로 보면 두 개의 원이 중복되는 영역이다.

〈핵심차별화 요소의 규명〉

핵심차별화 요소는 수주 경쟁의 결과를 결정짓는 중요한 요소인 제안 전략의 핵심이므로, 그 무엇보다 신중하게 도출해야 한다. 이렇게 중요한 핵심차별화 요소를 도출할 때 가장 많이 착각하는 것이 경쟁사는 없다는 이유만으로 자사의 핵심차별화 요소가 된다는 착각이다. 예전에 자동차 세일즈맨 대상으로 강의를 한 적이 있다. 적극적인 세일즈맨이 필자에게 차를 한 대 사라고 추천해 줬다. 추천해준 차는 연비가 아주 우수한 차였다. 고속도로 기준으로 1리터에 무려 24킬로미터를 갈 수 있는 차였다. 경쟁차종에 비해 1.5배 우수한 차였다. 연간 주유비를 계산해 보면 경쟁 차종에 비해 매년 몇백만 원의 절약이 가능할 것으로 예측되었다. 그러나 필자는 그 차를 사지 않았다. 이유는 간단하다. 필자는 차를 선택할 때 제일 먼저 보는 게 안전성이다. 몇 년 전 중부내륙고속도로에서 처참하게 죽은 사고를 목격한 이후로 안정성을 제일 먼저 생각한다. 그다음 기준이 디자인이다. 연비는 맨 마지막 기준일 뿐이다. 즉 그 적극적인 세일즈맨은 헛수고를 한 것이다. 만약 그 세일즈맨이 경쟁사 차종 대비 핵심차별화의 조건을 제대로 이해하고 있었다면 필자에게 먼저 질문을 했어야 한다. 질문을 통해 필자가 차를 고를 때의 첫 번째 니즈가 무엇인지 파악을 하고, 그런 니즈 해결에 적합한 차종을 추천했다면 그 차를 구매했을 것이다.

사실 이런 헛수고는 자동차 영업사원만 하는 것이 아니다. 제안룸 안에서도 숱하게 벌어지는 일이다. 오직 경쟁사가 없다는 이유만으로 자사의 차별화 요소라는 착각에 빠져서 그 솔루션을 과도하게 강조하는 경우가 비일비재하다. 핵심차별화가 되기 위한 첫 번째 조건은 고객이 원해야 한다는 것이다. 두 번째는 경쟁사가 없어야 한다는 것이다. 첫 번째 조건을 간과하면 쓸데없는 내용으로 제안서를 도배할 가능성이 크다. 지금부터는 핵심차별화 요소를 도출하는 데 사용할 도구를 살펴보자.

3.2.3.1 핵심차별화(USP) 규명을 위한 도구 1

아래 예시는 어느 육가공 회사가 작성한 핵심차별화 도출 사례다. 이 회사는 핵심차별화 요소를 도출하기 위해 먼저 고객의 핵심 니즈를 규명하였다. 이때 고객의 니즈는 그 비중이 다 다르다는 가정하에서 도출하였다. 비중은 10점 만점이며, 각각의 비중은 10점 안에서 배분되었다. 이렇게 핵심 니즈가 규명되었다면 이제는 그런 니즈를 해결해 줄 수 있는 자사와 경쟁사의 솔루션을 비교한다. 솔루션 비교 시 점수 평점을 매기는데, 이때 각 니즈별 3점 척도로 매긴다. 그리고 이 점수를 핵심 니즈의 비중과 곱하면 점수가 산출된다. 만약 경쟁사가 2개 이상이면 경쟁사 점수의 평균을 내서 자사 점수와 비교하면 된다.

〈솔루션 비교 도표 1〉

핵심 이슈	비중 (10점)	고객 관점평정			자사 점수	경쟁사 평균 점수	핵심 차별화
		자사	경쟁사 1	경쟁사 2			
1	주문 후 당일 배달 완료	5	H	L	L	15	5	자사의 독특한 배달 시스템에 의해 경쟁사 대비 8시간 빠른 배달 가능 (천 대의 트럭 보유/ 업계 유일 실시간 주문 전송 시스템 보유)
2	비용 절감	2						
3	마케팅 지원 활동	2						
4	금융 지원 서비스 제공	1						
	10				27	22	

예시를 보면 주문 후 당일 배달 완료라는 고객의 핵심 니즈를 해결하는 데 있어서 자사와 경쟁사 솔루션 점수를 비교해 보니, 자사 점수가 무려 10점이나 앞선다. 그 이유가 뭘까? 예시의 사례에서는 자사의 독특한 배달 시스템에 의해 경쟁사 대비 8시간 빠른 배달이 가능하다는 것이 이유가 된다. 이것이 바로 핵심차별화 요소다. 제안서와 프레젠테이션에서 반드시 반복해서 강조해야 할 핵심메시지

다. 1시간 분량의 제안 프레젠테이션을 준비하였는데, 고객사에서 3분으로 줄여달라고 했을 때 다른 내용은 다 생략해도 이 내용만큼은 고객에게 반드시 전달해야 하는 내용이다.

필자는 이 도구를 활용하여 제안 컨설팅 시 핵심차별화 요소를 규명한다. 그런데 이 도구를 사용할 때마다 늘 나오는 질문이 있다. '자사와 경쟁사 솔루션의 비교를 위한 점수 평정을 과연 신뢰할 수 있는가?'라는 질문이다. 독자들은 어떻게 생각하는가? 점수를 신뢰할 수 있는가? 어떻게 하면 점수를 신뢰할 수 있을까? 이 질문에 대한 답을 찾기 위해선 '고객 관점의 평정'이라는 단어를 눈여겨봐야 한다. 제안사의 관점이 아닌 고객의 관점에서 점수를 평정하는 게 가장 정확하다. 그래서 가장 정확한 점수 평정은 고객이 직접 이 도표에 점수를 매겨주는 것이다. 고객과의 두터운 친분이 있다면 RFP 발행 이전에 고객을 만나서 고객에게 이 도표를 내밀고 점수를 매겨달라고 부탁하는 것이다. 그런데 이게 현실적으로 쉬운가? 쉽지 않다. 그래서 우리는 차선책을 찾아야 한다. 과거 고객 조직에 몸담아서 고객을 잘 아는 외부 전문가에게 이 도표를 작성해달라고 부탁하는 것이다. 그런데 이것도 현실적으로 어렵다면, 마지막 남은 대안은 우리가 직접 점수 평정을 하는 것이다. 이때 중요한 것이 고객 관점을 지향하는 것이다. 고객 관점을 지향하기 위해선 그런 마음만 먹는다고 되는 게 아니다. 사전 영업을 통해 많은 정보를 확보하여 그 정보의 신뢰성과 타당성을 갖추어야만 고객 관점에서 점수 평정을 하고, 제대로 된 핵심차별화를 도출할 수 있다. 즉, 고객을 만나지 않고 제안룸의 책상 위에서 이 도표를 작성한다면 결코 신뢰할 수 있는 핵심차별화 요소는 도출할 수 없다.

그래서 좋은 제안서는 제안룸에서 만들어지는 것이 아니라 고객과의 만남 속에서 만들어진다는 것을 명심해야 한다.

3.2.3.2 핵심차별화(USP) 규명을 위한 도구 2

앞에서 살펴본 도구처럼 이 도구도 핵심차별화 요소를 도출하기 위한 목적을 위한 도구다. 따라서 그 원리가 다르지 않다. 다만, 앞의 도구와 달리 이 도구에서는 핵심 니즈를 조금 더 구체적으로 언급하고 있다는 점이다. 이렇게 구체적이면 점수 평정의 신뢰성과 타당성이 높아진다는 장점이 있다.

〈솔루션 비교 도표 2〉

핵심 니즈	핵심 니즈 설명	비중1-3	자사		경쟁사1		경쟁사2		경쟁사3		핵심 차별화
			순위	소계	순위	소계	순위	소계	순위	소계	
요구 성능 (ROC) 100% 충족 및 야지 운용성	어떤 업체가 운용성능 100% 충족하면서도 방호 기술과 편의성을 잘할 수 있는가? 어떤 업체가 신속한 답승 방안을 제시하였는가? 어떤 업체가 작전수행능력을 충족하면서도, 체계의 크기와 중량을 최소화하여 야지 운용성을 강화하였는가?	2	5	10	4	8	3	6	2	4	1. 08년 3월 적기 전력화된 무기 체계 경험 보유 2. 30억가량 자체 투자 연구 개발을 통한 핵심 기술 30종
개발 일정 준수		3	5	15	4	12	3	9	2	6	
국산화		2	5	10	4	8	3	6	2	4	
핵심 위험관리 능력		1	5	5	4	4	3	3	2	2	
합계			55		44		33		22		

참고 자료 - 고객 니즈와 평가항목의 관계

핵심차별화 요소를 도출하기 위해 제일 먼저 해야 하는 작업은 고객의 핵심 니즈를 도출하는 작업이다. 만약 이 작업이 잘못되었다면 점수 평정도 잘못되어, 잘못된 핵심차별화 요소가 도출될 것이고, 잘못된 제안 전략을 제안서와 프레젠테이션에 기술하는 실수를 범하는 것이다. 즉 신뢰할 수 있는 고객 핵심 니즈를 도출하는 것이 중요하다. 그런데 문제는 고객 니즈와 평가항목이 불일치할 경우에 어떻게 해야 하는가 여부다.

고객 니즈는 대체로 고객사의 핵심 키맨과 그 핵심 키맨에 영향을 미치는 영향자들의 개인적인 니즈를 의미한다. 반면 평가항목은 핵심 키맨과 영향자들의 개인적 니즈가 집단적 합의를 통해 공식화되고 문서화된 고객사의 제안서 선택 기준을 의미한다. 그래서 양자는 대체로 일치한다. 민간 기업이고, 소규모 발주건이면 대체로 개인적인 니즈와 평가항목은 일치한다. 양자의 불일치로 인한 문제가 없다. 문제는 공공기업인 경우다. 공공기업의 경우 민간기업과 달리 상대적으로 입찰 참여자를 공정하게 선택하는 게 중요하다. 그래서 발주처 내부 직원보다는 외부 평가자로 구성된 평가자 그룹에서 선발하며, 평가항목도 가급적 구체적인 법령으로 정하고 있다. 이런 경우엔 제안사의 핵심차별화 요소를 어떻게 도출해야 하는가?
발주처 핵심 키맨들의 개인적 니즈는 과감하게 무시하고 오직 평가항목 위주로 핵심차별화 요소를 도출해야 하는가? 결론부터 이야기한다면 이런 방식은 굉장히 위험한 방식이며 잘못된 방식이다. 몇 가지 이유를 들 수 있다. 첫째 발주처의 핵심 키맨들은 외부 평가자 집단에게 사업의 배경과 필요성 그리고 평가 주안점 등에 대해서 안내를 해 준다. 즉 외부 평가자 집단은 발주처 핵심 키맨의 의도를 평가에 반영하게 되어 있다. 둘째, 발주처 핵심 키맨의 개인적 니즈는 평가항목의 의미를 확정 짓는 하나의 해석 기준으로서 작용한다. 예를 들어서 '개발 요구조건을 정확히 분석하여 설계 목표를 명확히 제시하였는가?'를 평가한다는 항목이 있다고 생각해 보자. 이 평가항목에서의 평가 포인트는 크게 '요구조건을 정확히 분석하였는가'와 '설계 목표를 명확히 제시하였는가'이다. 자 그렇다면 요구조건을 정확히 분석하였다는 것을 평가자들은 무엇을 보고 평가를 할까? 우선 평가자는 RFP에 나온 모든 요구조건을 분석하였는지 살펴볼 것이다. 이것은 발주처 핵심 키맨의 개인적 니즈를 분석하지 않아도 RFP만 잘 분석하면 제안서에 기술할 수 있다. 그러나 문제는 만약 발주처 간사가 **RFP**에 명시적으로 언급되지 않은 특정한 요구조건을 정확하게 분석하였는지 평가해 달라고 요청했다면 이야기는 크게 달라진다. 만약 사전영업을 통해 이것을 파악하지 못하였다면 제안서에 반영할 수 없을 것이고, 좋은 평가를 받을 수 없을 것이다. 즉 **RFP**에 명시적으로 언급되지 않은 핵심 키맨의 개인적 니즈는 평가항목을 해석하는 하나의 기준으로 작용한다는 의미다. 또 하나의 예를 들어보자. 평가항목이 '개발 목표를 구현하기 위한 추진전략의 창의성, 혁신성, 타당성을 평가'한다고 한다. 평가 포인트는 창의성, 혁신성, 타당성이다. 평가항목과 평가지침에는 세 개의 키워드에 대한 구체적인 내용이 없다. 평가자들은 이 키워드들을 어떻게 평가할까? 세 개의 키워드는 굉장히 다의적 의미를 갖고 있다. 평가자마다 다르게 해석할 것이다. 그런데 발주처의 핵심 키맨이 세 개의 단어를 해석하는 기준을 제시해 주었다면 평가자들은 그 기준을 가지고 해석하고 평가할 것이다. 따라서 고객사 핵심 키맨의 개인적 니즈 분석은 중요하다. 평가항목을 해석하는 하나의 기준으로서 작용하기 때문이다. 솔루션 비교도표는 그 목적이 20대 80의 법칙에 입각하여 핵심차별화 요소를 도출하기 위한 용도로 개발된 것이며, 평가자들에게 제공되는 평가항목은 여러 회사 중 한 개 회사를 선택하기 위한 목적으로 만든 도구다. 두 도구는 본질적으로 그 목적이 다르다. 따라서 핵심차별화 요소를 도출할 때는 고객사 핵심 키맨의 개인적 니즈에 초점을 맞춰야 한다.

3.2.4 커뮤니케이션 전략 규명

앞의 단계에서 핵심차별화(USP)가 규명되었다면, 이젠 제안에서 활용할 커뮤니케이션 전략을 규명해야 한다. 핵심차별화는 크게 (+)핵심차별화와 (-)핵심차별화가 있다고 하였다. (+)핵심차별화는 자사만 갖고 있는 강점이므로 제안서와 프레젠테이션 상에서 강조하는 커뮤니케이션 전략이 필요하다. (-)핵심차별화는 자사의 약점이자 경쟁사의 강점이므로 보완 커뮤니케이션 전략이 필요하다. 조금 더 구체적으로 커뮤니케이션 전략 기술문을 구별해 보면 다음과 같다.

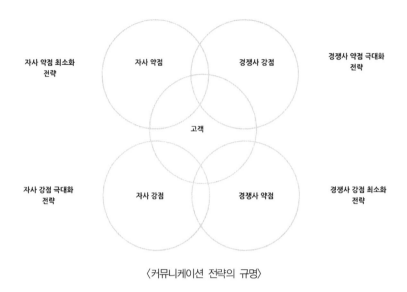

〈커뮤니케이션 전략의 규명〉

3.2.4.1 자사 강점 극대화 전략

자사 강점 극대화 전략은 '왜 우리가 채택되어야 하는가?'라는 질문의 답을 강조하는 전략이다. 즉 경쟁사는 없는 자사만의 독특한 솔루션이 고객의 어떤 문제를 해결해 줄 수 있다는 것을 강조하는 전략이다.

이 전략을 활용할 때 주의해야 하는 것은 핵심차별화의 두 가지 조건을 충족했는가 여부다. 앞서 살펴보았듯이 핵심차별화 요소가 되기 위한 2가지 조건 즉, (1)고객이 원하는 것이어야 하고, (2)경쟁사는 없어야 한다는 조건을 충족해야 한다. 그럼에도 많은 작성자들이 경쟁사가 없다는 이유만으로 핵심차별화 요소라는 착각에 빠져서 잘못된 내용을 강조하는 경우가 많다. 반드시 2가지 조건을 충족해야 한다는 것을 명심해야 한다.

94

3.2.4.2 자사 약점 최소화 전략

자사의 약점을 고객이 알고 있으며, 경쟁사가 공략할 것이 충분히 예상되는 상황이라면 반드시 그 대안을 마련해야 한다. 약점은 크게 두 가지 종류다. 솔루션 측면의 약점과 가격 측면의 약점이 그것이다.

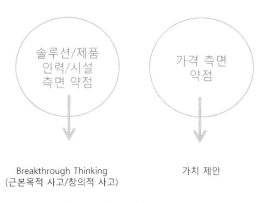

〈포지션에 기반한 상황별 전략〉

솔루션 측면의 약점을 최소화하기 위해선 창의적 사고를 통한 대안 마련이 필요하다. 창의적 사고의 구체적인 방법으로는 근본 목적 추구의 사고법이 있다. 이를 통해 창의적 대안을 마련할 수 있다.

가격 측면의 약점이란 경쟁사 대비 가격이 비싸다는 약점이다. 이 약점을 극복하기 위해선 가치 제안이 필요하다.

근본 목적 추구 사고법을 통해 솔루션 측면의 약점을 극복하라

이 사고법은 캐나다의 내들러 교수가 정립했다. 이 사고법의 핵심 요체는 풀기 힘든 어떤 문제를 창의적으로 해결하기 위해선 문제를 재정의하는 능력이 필요하다는 것이다. 사실 이 사고법의 정식 명칭은 **Break through thinking**이다. 순우리말로 번역하면 '생각의 파괴' 정도가 될 것이다. 내들러 교수에 의하면 문제를 주어진 그대로 받아들이면 그 문제의 해결 방법을 문제해결자 스스로 제한하기 때문에, 이런 고정관념을 탈피하기 위해선 문제를 재정의하는 것이 필요하다. 이런 의미를 갖고 있는 사고법을 제안 전략에 활용하면서 필자는 근본 목적 추구의 사고법이라고 불러도 무방하겠다고 생각하였다. 왜냐하면, '왜, 왜, 왜'라는 질문을 통해 고객이 안고 있는 문제의 근본 이유와 배경을 파악하기 때문이다.

이 사고법으로 크게 성공한 사람이 고인이 된 정주영 회장이다. 6.25 전쟁 당시 아주 추운 한겨울이었다. 어느 날 유엔군 사령부가 발칵 뒤집혔다. 미국의 아이젠하워 대통령 당선자가 부산을 방문하기로 했다는 소식이 전해졌기 때문이다. 일정 중에는 유엔군 묘지 참배 일정도 잡혀 있었다. 당시 유엔군 묘지는 황폐하기 이를 데 없었다. 아이젠하워 당선자가 참배하러 가면 수행원, 기자 등 수많은 사람들이 따라올 것이고, 기자들은 그 사진을 찍어 전 세계에 타전할 터였다. 그런데, 그 사진이 문제가 되었다. 당시 한국전쟁이 세계적인 이슈였고, 모르긴 몰라도 1면 톱으로 실릴 것 같았는데, 황폐화되고 삭막한 유엔묘지가 신문에 실리면, 전쟁 중에 죽은 병사들의 가족들이 가만히 있지 않을 것 같았고, 군인 모병에도 문제가 생길 것 같아서 유엔군 사령부에서는 건축하는 사람들을 모두 모아 놓고 유엔군 묘지에 잔디를 깔아주는 업체에 달러로 원가의 3배를 주겠다고 제안했다. 그런데, 그 자리에 참석한 모든 업자들이 한겨울에 어떻게 잔디를 까느냐며 실현 불가능한 일이라고 포기했다. 그러나 단 한 사람 정주영 회장만 생각이 달랐다. 그는 유엔군 사령부가 진정으로 원하는 것이 무엇인지, 근본 목적을 생각했다. 이런 관점에서 그는 다음과 같은 자문자답을 하였다.

> '유엔군 사령부는 왜 추운 한겨울에 푸른 잔디를 깔려고 하는 거지? 잘 정돈된 묘지엔 푸른 잔디가 깔려 있으니까.', '왜 잘 정돈된 묘지가 필요한 것이지? 묘지가 잘 정돈되어야 유족과 국민이 보기에 죽은 병사들이 국가를 위해 희생한 대우를 받는다고 생각하니까.', '왜 유족과 국민이 죽은 병사들이 잘 대우받고 있다는 생각을 해야 되지? 그래야 전쟁에 대한 우호적인 여론이 형성되기 때문이지.', '왜 전쟁에 대한 우호적인 여론이 형성되어야 하지? 그래야 전쟁을 수행할 병사들 모집이 수월할 테니까.'

이렇게 정주영 회장은 유엔군 사령부가 진정으로 원하는 게 뭘까를 고민하였고 그 사고의 결과로, 유엔군이 원하는 것은 푸른 잔디가 아니라 죽은 병사들이 잘 대우 받고 있다는 심리적 위안을 방문객에게 주고 싶다는 근본 목적을 간파한다. 정주영 회장은 유엔군 사령부가 처음에 제시한 문제(한겨울에 푸른 잔디를 깔아야 한다)에 함몰되지 않았다. 그래서 그는 고객의 문제를 해결할 수 있는 창의적 사고를 할 수 있었다. 창의적 사고의 결과가 바로 한겨울에 구할 수 있는 보리 싹을 묘지에 심자는 것이었다. 그는 실행에 옮겼고, 큰돈을 벌었다.

근본 목적 추구 사고법을 통해 창의적 대안을 만들어 낸 제안 전략 사례를 살펴보자. 국방 제안 수주에 성공한 사례다.

지상무기체계를 개발하는 사업으로서 1차 선행사업에 이은 2차

연구개발 사업자를 선정하는 사업이다. 경쟁사는 1차 선행사업자로서 참여한 인력, 장비, 시설을 모두 보유하고 있었으나, 자사는 후발주자로서 관련 사업 경험이 다소 부족한 상황이다. 사전 영업을 해 보니, 발주처 간사는 1차 사업에 참여한 인력이 2차 사업에도 참여하기를 강력하게 요구하고 있었다. 경쟁사의 핵심 강점은 선행사업자이며, 과거 선행사업에 참여한 PM과 연구 인력을 이번 사업에도 그대로 투입할 수 있다는 전략을 취할 것이 예상된다. 자사는 후발주자로서 선행사업 참여 경험이 없다. 이런 경쟁상황에서 어떻게 하든 대안을 만들어야 했다. 만약 대안을 만들지 못한다면 입찰 참여를 포기해야 할 정도로 중요한 요구사항이었다. 그래서 자사는 창의적 대안을 만들기 위해 근본 목적 추구 사고법을 활용했다.

> '왜 고객은 1차 사업 참여 경험이 있는 PM과 인력을 요구하는가? 그 이유는 1차 참여 인력이 1차 사업의 경험이 있기 때문이지', '왜 고객은 1차 사업 경험을 중요하게 생각하는 것인가? 그 이유는 1차 사업의 시험평가에서 빈번하게 오류가 발생하여 개발 기간이 연장되었기 때문이지', '왜 1차 사업 시험평가에서 빈번하게 오류가 발생하였는가? 그 이유는 검증되지 않은 장비와 시설로 시험평가를 했기 때문이지', '왜 1차 사업에서 검증되지 않은 장비와 시설로 시험평가를 했지? 그 이유는 시험평가 기간이 너무 촉박했기 때문에 장비와 시설을 검증할 시간적 여유가 없었기 때문이지'

이렇게 근본 목적을 탐구해 보니 고객이 1차 사업 참여 인력을 요구한 근본 이유는 시험평가 오류의 최소화 그리고 이를 통한 기간 준수였던 셈이다. 이렇게 근본 이유와 목적이 규명되자 자사는 창의적 대안을 만들어 낼 수 있었다. 검증된 시험평가 장비와 시설을 사용할 것이며, 다른 불필요한 과업 활동을 축소하여 절약한 일정을 시

○ ○ ○ ○
이기는 제안서 개발

험평가 기간에 할당하겠다는 전략을 세웠다. 그리고 이 전략을 제안서와 프레젠테이션에서 크게 강조하였고, 수주에 성공하였다.

솔루션 측면의 약점은 대안을 찾는 게 결코 쉽지 않다. 그럼에도 불구하고 대안을 찾아야 한다. 대안을 찾을 수 없다면 과감하게 입찰 참여를 포기하는 것이 맞을 것이다. 그러나 쉽게 포기하기에 앞서서 창의적 대안을 찾으려는 시도는 해봐야 한다. 근본 목적 추구 사고법이 필요한 이유다. 풀기 힘든 난관에 직면했을 땐 고객이 왜 그런 요구를 현재 시점에서, 현재의 조건으로, 현재의 규모로 요구했는지 그 근본 목적을 찾기 위해 고객에게 물어보라. 그것이 안 된다면 스스로에게 물어보라. 이를 통해 근본 목적을 규명했다면 창의적 대안을 찾을 수 있다.

천재 물리학자 아인슈타인은 말했다. "어떤 문제를 해결하려 할 때, 그 문제가 발생한 동일한 의식의 수준에서 그 문제를 바라본다면, 결코 문제를 해결할 수 없다. 문제를 새롭게 보는 법을 배워야 한다."

가치 제안을 통해 가격 약점을 극복하라

자사 솔루션이 경쟁사 솔루션보다 비싸기 때문에 약점인가? 아니다. 가격이 비싸기 때문이 아니라 가격 대비 가치가 작기 때문에 약점이 된 것이다. 가격이 문제가 되는 경우는 구매하려는 솔루션의 가치가 없을 때뿐이다.

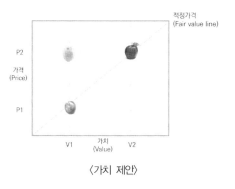

〈가치 제안〉

그림은 과일 관련한 가상의 고객 가치 지도(Value Map)이다. 과일 소비자 대상으로 마케팅 조사를 해 보니 위와 같은 결론을 얻었다. 돈이 많지 않기 때문에 오직 1개의 과일만 구매한다면 이 그림 상에서 소비자는 어떤 과일을 구매할까? 배는 구매하지 않을 것이다. 가격만 비싸고 가치는 적기 때문이다. 배는 선택에서 탈락이다. 이젠 복숭아와 사과가 남았다. 복숭아는 가격이 싸지만 가치가 작다. 사과는 가격이 비싸지만 가치가 크다. 어떤 과일을 선택할까? 당연히 사과다. 가격은 비싸지만 얻을 수 있는 가치가 더 크기 때문이다.

이 책을 보는 독자들에게 몇 가지 질문을 해 보자. 왜 필자의 책을 보고 있는가? 어떤 독자는 적지 않은 가격을 지불하고 이 책을 구매해서 보고 있을 것이다. 어떤 독자는 도서관에서 이 책을 빌려와서 보고 있을 것이다. 왜 다른 책을 보지 않고 이 책을 보고 있는가? 그 이유는 다른 책을 보거나, 다른 여가 활동을 하는 것보다 이 책을 보는 게 더 큰 가치가 있다고 판단했기 때문일 것이다. 비용 대비 혹은 시간 투자 대비 가치가 적다고 판단했으면 이 책을 보지 않았을 것이다.

이런 의미를 갖고 있는 가치 제안은 경쟁사 대비 고가인 경우에 반드시 활용해야 하는 하나의 제안 전략이다. 예를 들어서 자사 솔루션의 구매 비용은 20억이다. 반면 경쟁사 솔루션은 10억이다. 이 약점을 어떻게 극복할 수 있는가? 가격은 경쟁사 대비 10억이 더 비싸지만, 구매를 통해 고객이 얻을 수 있는 가치가 경쟁사보다 더 크다는 것을 설득할 수 있으면 된다. 고객 설득을 위해선 가치는 가능한 한 정량화되어야 한다. 보다 구체적인 작성 방법은 작성 섹션에서 살펴볼 것이다.

3.2.4.3 경쟁사의 약점을 극대화하는 전략(Highlight)

이 전략에서의 핵심 포인트는 경쟁사의 이름을 직접 거론하지 말고 교묘하게 언급해야 한다는 것이다. 경쟁사의 약점을 공략하면서 이름을 거론하면 자사에 대한 신뢰가 떨어지기 때문이다. 마치 인간관계에서 뒷담화 하는 사람에 대한 불신이 생기는 것과 같은 이치다.

예를 들어서 제안 PT의 질의응답을 생각해보자. 고객이 "귀사의 제품과 경쟁사 제품 사이에 차이점이 있다면 무엇이죠?"라고 물어보았다. 이때 "경쟁사의 제품은 가격이 비싸고, 속도가 떨어지며, 신뢰도에 문제가 많아요"라고 말하는 방식과 "저희 제품이 가격도 싸고, 속도가 빠르며 신뢰도에서도 더 우수합니다"라고 말할 수 있다. 두 가지 답변 모두 똑같은 정보를 제공해 주지만, 그것들이 고객에게 미치는 심리적 효과는 다르다. 경쟁자의 약점에 집중하는 답변은 경쟁사를 깎아내리는 듯한 인상을 주어서 좋지 않다. 그런데 더 큰 문제는 질의응답의 논의가 경쟁사 제품에 집중하여 고객이 자사의 제품보다 경쟁사 제품에 대해 더 많이 생각하게 된다는 것이다.

그렇다면 어떻게 해야 하는가? 즉 '교묘하게'의 구체적인 의미는 뭔가? 경쟁사의 이름을 직접적으로 언급하지 않으면서, 자사와 경쟁사의 솔루션을 비교하는 방식을 취하면서 자사 솔루션의 설명에 주안점을 두는 것이다. 구체적인 작성 방법과 예시는 4.1.2.4.1. 솔루션 비교법을 참조하기 바란다.

3.2.4.4 경쟁사의 강점을 최소화하는 전략(Downplay)

경쟁사의 강점은 최소화해야 한다. 이를 위한 방법은 대안을 제시하는 '물타기 전략'이다. 이를 통해 경쟁사 강점에 대한 고객의 인식을 약화시키는 것이다.

예를 들어서 경쟁사가 자사보다 8시간 빠른 배달 시스템을 현재 갖고 있다면 자사는 현재는 없지만 향후 미래엔 그러한 배달 시스템을 갖출 계획안을 제시하는 것이다. 경쟁사가 선행사업 경험이 많은 PM과 인력을 2차 사업에서도 활용할 것이라고 하면 자사는 유사 사업 경험이 더 많은 PM과 인력을 동원할 것이라고 물타기 하는 것이다.

이런 물타기 전략은 제안 분야뿐만 아니라 마케팅 분야에서도 물타기는 가장 많이 활용되는 전략이다. 탄산음료 사례를 살펴보자.

지난 92년 코카콜라사는 미국에서 한창 유행을 타던 무색 탄산음료 "스프라이트"를 국내에 출시했다. 스프라이트는 전 세계 1등 브랜드였다. 당시 국내 음료 시장의 강자인 롯데칠성은 긴장하지 않을 수 없었다. 롯데칠성은 물타기 전략을 취했다. 스프라이트와 이름도 비슷하고 제품 포장까지 비슷한 "스프린트"를 출시하여 물타기 했다. 당시 롯데칠성은 거대한 영업망을 갖추고 있었기 때문에 스프라이트가 진열된 매장에 스프린트를 적극적으로 진열하였다. 두 회사는 상표를 두고 법정 공방을 벌였다. 법원은 두 회사 가운데 코카콜라의 손을 들어 주었다. 그러나 시장에서의 승리는 롯데칠성이었다. 신생 브랜드인 스프라이트가 소비자들의 머릿속에 각인되기 전에 스프린트라는 브랜드가 혼선을 준 것이다. 이런 전략 덕택에 스프라이트의 판매실적은 저조할 수밖에 없었다. 롯데칠성의 이 전략은 세계 음료업계에서 두고두고 화제가 됐다. 세계의 모든 음료를 패배시킨 스프라이트가 기록한 유일한 패배였기 때문이다.

3.2.5 상황별 전략

우리는 앞에서 피티 기본 전략인 4가지 전략을 학습하였다. 앞에서 살펴본 4가지 전략은 솔루션의 상대적 강약점을 기반으로 한 전략이라면 지금부터 살펴볼 전략은 사업자의 포지션에 기반한 전략이라고 할 수 있다.

〈포지션에 기반한 상황별 전략〉

제안에 참여하는 사업자들은 제안서 제출 전에 어느 정도 자신의 위치(포지션)를 알 수 있다. 대체로 해당 사업에 대한 경험과 해당 사업의 성공에 필요한 핵심기술 보유 유무로 결정된다. 예를 들면 대부분의 방위산업과 SI 사업에서는 사전에 연구 과제를 수행하던가, 1차 사업을 수행한 경우에는 특별한 결격 사유가 없는 한 경쟁자에 비해 우위에 있다고 봐도 무방하다. 이것을 파악하는 것이 중요한 이유는 위치에 따라 전략이 달라져야 하기 때문이다. 먼저 선행사업자가 취할 전략을 살펴보자.

3.2.5.1 선행사업자 전략

대규모이면서 위험이 큰 사업일수록 과거 경험은 고객 입장에서는 중요한 평가 기준이다. 이것은 단순히 할당된 평가 점수 그 이상으로 작용한다. 과거 경험이 다른 평가 점수에도 크게 영향을 미친다는 뜻이다. 특히 이미 만들어진 제품을 판매하는 것이 아니라 향후 사업 활동을 통해 완성이 되는 솔루션을 판매하는 경우와 무형의 서비스를 판매하는 사업의 경우엔 사업자의 과거 경험을 고객은 중요하게 고려한다. 따라서, 과거 경험을 갖고 있는 선행사업자는 과거 경험을 고객 설득의 핵심 전략으로 수립해야 된다. 크게 두 가지 하위 전략이 나와야 한다. 성공 스토리 전략과 레슨런 스토리 전략이 그것이다.

성공 스토리 전략은 말 그대로 과거에 경험한 스토리를 전달하는 것이다. 단순 정보 나열이 아닌 스토리 전달이다. 과거 실적과 인력의 자격증을 리스트업하여 제시하는 것은 스토리가 아니다. 스토리란 이야기다. 일정한 조건을 갖추어야 한다. 등장인물이 있고, 사건이 발생하고, 사건의 결말이 있어야 한다. 수주제안서 상에서의 성공 스토리도 이와 크게 다르지 않다. 과거의 고객은 중요한 등장인물이며, 그 고객이 직면한 도전적 상황은 사건의 얼개가 되고, 자사의 솔루션을 통한 문제의 해결은 사건의 결말을 의미한다. 구체적인 작성 방법은 작성 챕터에서 살펴볼 것이다.

레슨런 스토리 전략은 과거 사업 수행 중 실패한 경험과 그 경험을 통해 얻게 된 교훈을 기술하는 전략이다. 과거의 교훈을 본 사업에 적용하여 성공하겠다는 이야기를 기술하는 전략이다. 이 전략

○ ○ ○ ○
이기는 제안서 개발

은 일종의 '되치기 전략'이다. 선행사업자의 과거 실패를 경쟁사가 알고 있다면 공략을 할 것이다. 이때 선행사업자는 그런 일이 없었 다는 듯이 넘어갈 것이 아니라, 그런 경험이 있었다는 것을 언급하 면서 동일한 실수를 되풀이하지 않을 교훈을 도출하고 그 교훈을 본 사업에 적용할 구체적인 방법을 기술한다면 오히려 신뢰를 얻을 수 있다. 즉, 경쟁사의 공격을 되치기한 격이 된다. 되치기의 효과 는 상대의 공격 강도에 달려 있다. 강도가 셀수록 되치기의 효과는 커진다. 구체적인 작성 방법은 4.1.2.4.2 성공 스토리, 4.1.2.4.3 레 슨런 스토리 챕터에서 살펴보자.

3.2.5.2 후발 사업자 전략

냉정하게 말해 제안 경쟁에서 최선을 다한 아름다운 2등은 의미 가 없는 수사에 지나지 않는다. 따라서, 이기기 위한 전략이 반드 시 수립되어야 한다. 그런데 경험이 부족해서 고객이 신뢰하지 않 는다면 남다른 각오로 특단의 대책을 수립해야 한다. 세부 전략은 크게 에지(Edge), 베터(Better), 룰 브레이크(Rule break) 전략이다.

에지(Edge) 전략은 말 그대로 뾰족한 전략을 말한다. 실행방법 과 고객이 얻게 될 효용을 구체적으로 제시하는 전략이다. 이렇게 날카롭게 작성하면 그 날카로움이 경쟁사를 물리치는 데 도움이 되지만, 사업 수주 후에는 자사의 발목을 잡을 수 있기 때문에 양 날의 칼을 잡는 격이다. 이런 위험성이 있음에도 불구하고 사업 수 주가 절실하다면 활용해야 하는 전략이다. 예를 들어서 선행사업자는 "자사 솔루션을 통해 높은 매출액 향상이 기대됩니다"라고 추상적으로 쓴다면, 후발 사업자는 "자사 솔루션을 통해 20억 원의 매출액 향상을 기대할 수 있습니다"라고 쓰는 것이다. 선행사업자가 "사업 성공을 위해 업계 최고의 전문가를 활용합니다"라고 쓴다면 후발 사업자는 "사업 성공을 위해 20년 이상의 특급 전문가를 활용합니다"라고 쓰는 것이다. 선행사업자가 "새로운 서비스에 대한 이해를 돕기 위해 고객사 직원 대상으로 교육을 실시한다"라고 모호하게 쓴다면 후발 사업자는 "누구를 대상으로, 언제, 어디서, 몇 회에 걸쳐서, 어느 정도의 비용"으로 할 것인지 아주 구체적으로 쓰는 것이다. 이렇게 구체적으로 작성하면 제안서는 하나의 계약서이기 때문에 반드시 준수해야 한다. 준수하지 못한다면 그에 합당한 책임을 지게 되어 있다. 그래서 에지(Edge) 전략은 양날의 칼이 된다.

후발 사업자의 두 번째 세부 전략은 베터(Better) 전략이다. 이 전략은 고객이 요구한 것보다 더 많은 솔루션을 제공하는 전략이다. 고객이 요구한 스펙과 성능을 초과 충족하는 솔루션을 제공하거나, 고객이 미처 생각하지 못한 니즈를 발견하고, 그것의 해결을 위한 추가 제안을 자발적으로 하는 전략을 말한다. 이 전략은 당연히 돈이 더 들어갈 수밖에 없는 전략이다. 돈을 써서라도 수주를 하겠다는 전략이다.

후발 사업자의 마지막 세부 전략은 룰 브레이크(Rule break) 전략이다. 말 그대로 룰을 파괴하는 전략이다. 세 가지 전략 중 가장 과격한 전략이다. 이 전략은 별명이 있는데 '모 아니면 도' 전략이다. 치열한 수주 경쟁에서의 룰(Rule)이란 무엇인가? 고객의 공식적인/

비공식적인 요구조건을 의미하는데, 고객이 요구한 룰(Rule)을 무시하고 자사에 유리한 방향으로 새롭게 재정의하고 그것에 따라서 솔루션을 제시하는 전략을 말한다. 왜 이렇게 하는가? 고객이 요구한 조건을 준수하다면 100% 질 것이 명확하기 때문이다. 사실 이렇게 불리한 조건이라면 입찰에 참여하지 않는 것이 옳지만, 어쩔 수 없는 상황적 요인에 의해 참여한 경우에 활용할 수 있는 전략이다.

예전에 공공사업에서 있었던 사례다. 제안요청서를 살펴보니 이 사업의 선행사업자였고, 핵심기술을 많이 보유한 업체에 크게 유리한 조건들로 가득했다. 이 조건들을 그대로 따른다면 자사 솔루션으로는 질 것이 분명한 사업이었다. 그래서 이 업체는 결단을 내렸다. 제안요청서의 조건을 무시하고, 심지어는 왜 제안요청서의 요구조건이 현실적이지 않으며, 기술적 위험이 많은지 비판하는 방식으로 제안서와 프레젠테이션을 준비하였다. 평가자는 발주처와 외부 평가자로 구성되었는데, 다행스럽게도 외부 평가자들은 기술 전문가 그룹이었고, 이들은 자사의 분석과 기술적 접근에 전적으로 동의하였고, 다행히도 수주에 성공할 수 있었다.

3.2.6 전략 기술문 작성 템플릿 활용

앞 단계에서 커뮤니케이션 전략을 도출하는 방법을 솔루션 기반의 강점과 약점 전략과 포지션 기반의 선행과 후발주자 전략을 살펴보았다. 이런 전략 이해를 바탕으로 전략 기술문을 작성해야 한다. 어떻게 작성해야 하는지 살펴보자.

〈전략기술문 양식 예시〉

고객의 핵심 이슈	목표(Objectives) (+)핵심차별화의 강조 (-)핵심차별화의 보완	방법(Action)
주문 후 당일 배달 완료	1. (+)천 대의 배달 트럭을 이용한 경쟁사 대비 8시간 빠른 배달을 강조하라 2. (+)고객 주문을 배달사원에게 실시간으로 전송하는 시스템 완비되었음을 강조하라	1.1 관련업계의 평균적 보유 트럭과 자사 트럭 보유 대수 비교표 제시 1.2 K마트 사장님의 인터뷰내용 전략 장표의 맨 앞장에 제시 2.1 스마트 실시간 주문 시스템의 개념도를 전략 장표에서 표현 하기 2.2 정보인증원 발급의 인증서 제시

이 도구는 기본적으로 앞의 핵심차별화 도출을 위한 솔루션 비교 도표와 논리적으로 연결된 도구다. 즉 고객의 기본적 니즈와 핵심차별화는 솔루션 비교도표의 내용을 그대로 활용한다. 다만 방법(액션)만 새롭게 추가하면 된다. 방법이란 제안서 상에서 어떻게 차별화 요소를 기술할 것인지 구체적인 작성 방법을 도출하는 것이다. 방법을 도출할 때 두 가지 사항을 고려한다. 첫째, 구체적으로 기술해서 어떻게 기술해야 할지 그 방법이 명확해야 한다. 그래야 그 진술문은 실제 제안 내용으로 개발될 것이다. 특히 팀을 구성하여 제안을 준비하는 경우엔 커뮤니케이션의 오류 최소화를 위해 더욱 유념해야 한다. 둘째는 확산과 수렴의 사고 과정을 거쳐야 한다. 그래야만 양질의 전략 기술문을 많이 개발할 수 있기 때문이다.

확산적 사고란 양을 추구하는 사고법이다. 확산적 사고의 핵심은 간단하다. 자기 검열을 벗어나서 양을 추구하라는 것이다. 제안 컨설팅을 하면서 필자가 직접 전략 워크숍을 진행한다. 제안서는 회사의 매출액과 직접적으로 연관되어 있기 때문에 회사 내 핵심 인력과 연구소 직원들이 참여한다. 이들은 대체로 똑똑하고 학력이 높은 사람들이다. 그런데 오히려 이런 똑똑함이 창의적 전략 기술문 작성의 가장 큰 걸림돌이 되는 것을 절감한다. 이들은 많은 지식을 갖고 있으며, 논리적인 사고로 훈련한 사람들이다. 그러다 보니 사고가 유연하지 못하고, 창의적인 아이디어 도출에 큰 어려움을 겪는다. 그때마다 필자는 확산적 사고의 4개 원칙을 반복하면서 그들 스스로 만든 도그마에 갇히지 않도록 독려한다. 미국의 뒤퐁이라는 회사는 신제품 개발을 위해 많은 양의 아이디어를 도출하는데, 조사를 해 보니까 대략 신제품으로 탄생하는 하나의 아이디어가 나오기 위해서는 최소한 관련 아이디어가 200개는 되어야 한다는 얘기를 관련 회사 출신을 통해 들은 적이 있다. 양질전화의 법칙은 여기서도 해당된다.

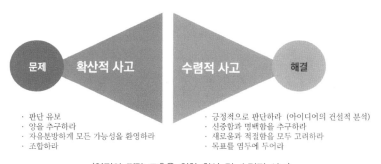

〈양질의 전략 도출을 위한 확산 및 수렴적 사고〉

확산적 사고를 통해 많은 양의 아이디어가 나왔다면 이제는 수렴의 사고가 필요하다. 수렴의 사고란 수주 성공에 도움이 되는 현실적인 아이디어를 선택하는 단계다. 위 그림에 나오는 원칙을 고려하면서 현실적인 대안을 선발하면 된다.

스토리보드 개발

스토리보드의 사전적 의미는 '드라마 나 영화의 주요 장면을 간단하게 그린 그림을 나란히 붙인 널빤지' 다. 쉽게 말해 그림판이다. 스토리보드라는 도구를 처음 사용한 것 은 영화 업계다. 영화를 찍으러 가기 전에 어떤 배경 속에서 어떤 동작으로, 어떤 표정으로 찍을 것인지 책상에서 미리 스케치한 것 을 말한다. 왜 이런 것을 만들었을까? 영화 한 편을 찍기 위해 많 은 사람들이 모인다. 총감독이 있고, 촬영감독이 있고, 배우가 있고, 무대 감독이 있다. 많은 사람이 영화 한 편을 만든다. 그런데 다 생 각이 달라서, 소통에 큰 문제가 발생하고 불필요한 필름 낭비, 시간 낭비가 많다. 그래서 촬영을 하기 전에 모든 이해관계자가 책상에 모여서 어떤 방식으로 촬영할 것인지 사전에 합의하기 위한 의사소 통 도구다.

치열한 수주 경쟁이 벌어지는 제안룸에서는 스토리보드를 '제안 서 초안 작성 전 기획 단계에서 활용하는 내용 기획 도구로서 제안서 전체 목차와 각 섹션의 제안 내용을 기획하는 도구'로 정의한다. 이런 의미를 갖고 있는 스토리보드는 영화 업계에서뿐만 아니라 제안룸에서도 중요하다. 왜냐하면, 수주제안서와 프레젠테이션을 개발하는 과정도 영화 촬영과 크게 다르지 않기 때문이다. 제안서 개발 과정도 많은 이해관계자가 모여서 짧은 시간에 결과물을 내야 하는 힘든 작업이다. 그런데 각각의 이해관계자들은 생각이 다 다르다. 그러다 보면 소통에 큰 문제가 발생하고, 작업 일정을 지연시키고, 품질에 영향에 미친다. 이런 문제를 미연에 방지하기 위해 스토리보드가 필요하다. 즉 스토리보드는 효과적인 의사소통의 수단으로 활용할 수 있다는 뜻이다. 또한, 스토리보드는 작성자 입장에서 보면 글 작성을 위한 좋은 아이디어 구상의 도구이며, 고객의 요구사항과 자사의 차별적 전략의 제안서 반영을 촉진하는 도구이기도 하다. 만약 스토리보드 작성을 생략하고 바로 제안서 초안 작업에 들어가게 되면 과거에 쓴 몇 개의 제안서를 짜깁기하게 될 것이고, 고객의 중요 요구사항과 자사의 차별적 전략이 반영되지 않은 판매자 관점의 천편일률적인 제안서로 전락할 가능성이 농후하다. 그래서 스토리보드가 중요한 것이다.

3.3.1 스토리보드 개발 개요

먼저 전체 목차를 개발하고 그다음에 섹션의 표준 혹은 약식 스토리보드를 개발하면 된다.

전체 목차는 제안 PM이 주관하고, 섹션 스토리보드는 파트 리더가 주관한다. 전체 목차 도출을 통해 각 섹션별 리더와 작성자가

결정되기 때문에 전체 목차를 먼저 개발한다. 이후 섹션별 하위 목
차 개발은 파트 리더가 주관한다.

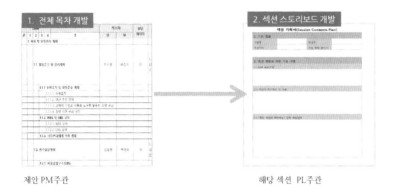

제안 PM주관   해당 섹션 PL주관

〈스토리보드 개발의 2단계〉

3.3.2 전체 목차 개발 방법

제안서 전체 목차를 개발하는 방법은 크게 **RFP**에서 명시적으로
목차를 요구하는 경우와 공식적인 **RFP**가 발행되지 않아서 명시적
인 목차 요구사항이 존재하지 않는 경우로 구별할 수 있다.

어느 경우가 되었든 목차 개발은 제안 기획 단계에서 제안 전략
도출과 더불어서 중요한 활동이다. 전체 목차 개발은 건축물 설계
도 개발에 비유할 수 있다. 설계도면이 잘못된 상황에서 건축물 시
공을 한다면 그 피해가 크듯이 제안서 개발에서 그 부작용이 심각
하다. 따라서 전체 목차 개발은 신중하면서도 정확하게 개발해야
한다. 전체 목차 개발은 크게 보면 제안요청서와 제안 전략을 모두
반영해서 개발해야 한다.

112
○ ○ ○ ○

3.3.2.1 제안요청서에 요구 목차가 있는 경우

먼저 제안요청서의 요구조건을 어떻게 목차 개발에 활용하는지 그 방법을 살펴보자. 사업의 성격에 따라 다소 다르지만 대체로 제안요청서는 1. 사업의 개요, 2. 제안요청 내용(기술적/관리적 요구조건), 3. 제안서 작성 규칙, 4. 제안 평가 기준 5. 기타 별첨 등으로 구성되어 있다. 이 모든 내용이 빠짐없이 목차에 반영되기 위해선 일정한 순서로 목차를 개발해야 한다. 그리고 맨 마지막으로는 제안 전략 내용을 목차로 개발해야 한다. 정리하자면 아래와 같은 순서이다.

1. 3번의 제안서 작성 규칙
2. 4번의 제안 평가 기준
3. 2번의 제안요청 내용(기술적/관리적 요구조건)
4. 1번의 사업의 개요 및 5번의 기타 별첨 중 중요한 사항
5. 제안 전략

먼저 3번의 제안서 작성 규칙을 우선 반영해야 한다. 제안서 작성 규칙 섹션에는 고객이 요구하는 Level 1~2까지의 제안서 목차가 명시되어 있다. 이 요구사항이 제안서 목차 상의 Level 1~2로 구성되어야 하기 때문에 목차 개발 시 제일 먼저 고려해야 한다.

두 번째로는 4번의 제안 평가 기준을 반영해야 한다. 제안요청서에서 요구하는 목차와 평가항목이 동일하다면 이런 언급이 불필요하다. 그런데 두 조건이 불일치한 경우가 많다. 그래서 4번의 제안

평가 기준을 목차에 반영하는 것이 중요하다. 평가자에게는 제안 평가 기준에 입각한 평가 템플릿이 제공된다. 평가를 하려는데 관련 항목이 없으면 좋은 평가를 얻을 수 없다. 그래서 평가 기준을 목차에 반영하는 것이 중요하다.

세 번째로는 제안요청서 상의 2번인 제안요청 내용(기술적/관리적 요구조건)을 반영한다. 세부적인 요구사항이므로 목차에 반영되면 대체로 목차 상의 Level 3-4 이하의 하위 목차가 될 것이다.

마지막으로는 제안 전략을 목차에 반영한다. 제안요청서 상에서 명시적으로 요구한 목차로는 자사의 차별적 내용을 부각시키기 힘든 경우엔 자사의 차별적 내용을 목차로 반영한다. 예를 들어서 자사의 핵심차별화 전략 내용이 '경쟁사 대비 8시간 빠른 배달 시스템'이라면 이 내용을 Level 1~3 목차로 반영하여 평가자들에게 부각시키라는 것이다.

3.3.2.2 제안요청서에 요구 목차가 없는 경우

RFP가 발행되지 않았거나, 발행되었어도 요구 목차가 없는 사업이 가끔 있다. 이럴 경우엔 어떻게 목차를 개발해야 하는가? 크게 두 가지 접근 방법이 있는데 각각의 방법은 장단점이 분명하다.

하나는 고객 핵심 요구사항 위주로 목차를 개발하는 방법이다. 예를 들어서, 고객의 중요 요구사항이 20% 비용 절감, 신속한 배달 시스템, 인원 감축이고 요구사항별 비중이 순서에 반영되어 있다면, 이것대로 목차를 도출하는 것이다. 고객 요구사항 중심형은 고객의 요구사항이 선명하게 부각되고, 요구사항별 자사의 솔루션을 언급하기 때문에 간명하게 자사 솔루션의 강점을 부각시킬 수 있다. 반면에 각 목차별 논리적 연계성이 떨어지는 것이 단점이다.

다른 하나는 일반적인 논리 전개형으로 목차를 개발하는 방법이다. 이 방법은 국내 수주 경쟁 프레젠테이션에서 가장 많이 사용하는 방법이기도 하다. 장점은 논리적으로 전개되기 때문에 수미일관하다. 반면 고객의 핵심 요구사항과 요구사항별 자사만의 핵심차별화 솔루션을 이 목차로는 부각하기 어렵다는 단점이 있다.

고객의 핵심 이슈 중심형	일반적 논리 전개형
1. 고객의 핵심 이슈 ＃ 솔루션 2. 고객의 핵심 이슈 ＃솔루션 3. 고객의 핵심 이슈 ＃솔루션	1. 사업의 이해 　1. 사업 추진 배경과 목적 　2. 사업 수행의 범위 　3. 제안사의 시각 2. 사업 수행 전략 　1. 핵심 성공요소 　2. 추진전략 　3. 세부 전략 3. 기술적 제안 내용 　1. 000분야 　2. 000분야 4. 사업관리 제안 내용 　1. 사업 수행 조직 　2. 사업 수행 인력 5. 사업수행 일정

〈RFP에 목차에 대한 명시적 요구가 없는 경우〉

3.3.3 섹션 스토리보드 개발 방법

앞에서 스토리보드를 '제안서 초안 작성 전 기획 단계에서 활용하는 내용 기획 도구'로 정의한다고 하였다. 이런 의미를 갖고 있는 스토리보드는 크게 표준 스토리보드와 약식 스토리보드 2가지 종류가 있다.

3.3.3.1 표준 스토리보드

표준 스토리보드는 대규모 제안 프로젝트에서 사용한다. 대규모의 의미는 수주금액의 크기뿐만 아니라 제안서 개발을 위한 제안 TFT의 규모도 크다는 것을 의미한다. 대규모 TFT의 경우를 보면 작게는 20명 많게는 100명 넘게 구성되는 경우도 허다하다. 이렇게 많은 인력이 구성되어서 양질의 제안서를 일관된 메시지로 작성하기 위해선 내부 커뮤니케이션이 그 무엇보다 중요하다. 커뮤니케이션의 수준이 제안서의 수준을 결정한다. 그리고 제안서의 수준은 제안서를 잘 쓰는 소수의 인력에 의해서 결정되는 것이 아니라 가장 못 쓰는 인력이 결정한다. 마치 자동차의 품질은 가장 수준 낮은 부품이 결정하듯 말이다. 따라서 제안서의 품질을 상향 평준화시키기 위해선 커뮤니케이션 수준을 향상시킬 필요가 있다. 이를 위해 반드시 필요한 도구가 표준 스토리보드다.

제안서 초안을 작성하기에 앞서서 각 섹션별 작성자들에게 표준 스토리보드 시트지를 배포하고, 각 섹션에서 기술해야 할 내용을 기획하게 한다. 표준 스토리보드 작성의 주체는 각 섹션 작성자이며, 섹션 구분은 대체로 WBS의 레벨 2-3 기준으로 할당하면 무난하다. 표준 스토리보드 작성이 끝나면 작성자와 제안 PM이 만나서 각 섹션에서 제안 전략과 RFP 요구사항과 평가항목을 적절하게 반영하고 있는지 검토 및 협의를 한다. 협의가 끝나면 제안서 초안을 작성하면 된다.

참고자료 - 표준 스토리보드 작성 방법

〈표준 섹션 스토리보드〉

1. 기본 정보

사업명		작성자	
섹션 이름		섹션 할당 페이지	

2. 섹션 개발을 위한 기초 사항

2.1 RFP 요구사항

2.2 제안서 평가항목 및 내용

2.3 (해당 섹션에 해당하는) 전체 제안 전략

3. 섹션 메시지 개발

3.1 해당 섹션에서의 고객의 핵심이슈(or 요구사항)

3.2 해당 섹션에서의 자사 핵심 솔루션과 효용

핵심 솔루션	효용

3.3 해당 섹션에서의 경쟁사 핵심 솔루션과 효용(예상)

핵심 솔루션	효용

3.4 해당 섹션에서의 전략

3.4.1 자사 강점 극대화

3.4.2 자사 약점 최소화

3.4.3 경쟁사 강점 최소화

3.4.4 경쟁사 약점 극대화

4. 섹션 스토리 라인 개발

4.1 해당 섹션의 목차 개발

4.2 해당 섹션 작성에 필요한 정보 및 자료 List-up

1. 기본 정보

참여 사업의 사업명과 작성자 등을 입력하면 된다.

2. 섹션 개발을 위한 기초 사항

RFP 요구사항 | 해당 섹션과 관련한 RFP의 기술적/관리적 요구사항을 기술한다. 이때 반드시 고려해야 하는 것은 RFP 상의 요구사항을 작성자 임의로 해석하지 말고, 있는 그대로 작성해야 한다는 점이다. 고객이 사용하는 단어와 문장을 있는 그대로 사용하는 것이 중요하다. 왜냐하면 RFP를 해석하면서 발생할 누락 및 왜곡을 최소화하는 것이 필요하기 때문이다.

제안서 평가항목과 내용 | 해당 섹션과 관련한 제안서 평가항목을 있는 그대로 작성한다. 만약 고객이 명시적으로 평가항목을 기술하지 않았다면, 이번 사업과 관련한 고객의 핵심이슈 혹은 니즈를 기술해도 무방하다.

(해당 섹션에 해당하는) 전체 제안 전략 | 제안 전략은 크게 제안서 전체를 포괄하는 전체 제안 전략과 해당 섹션에만 해당하는 전략으로 구별할 수 있다. 전체 제안 전략은 모든 섹션에서의 일관성이 중요하며, 해당 섹션 전략은 차별성이 중요하다.
예를 들면 경쟁사 대비해서 8시간 빠른 배달 시스템 보유를 강조하는 전체 제안 전략이 있다고 가정해 보자. 이런 차별화 솔루션을 설득력 있게 제안서에 반영하기 위해서

○ ○ ○ ○

이기는 제안서 개발

는 전략, 기술, 품질, 사업관리 등 모든 섹션에서 일관된 메시지가 기술되어야 한다. 전략 섹션에서는 본 사업의 성공을 위해 8시간 빠른 배달 시스템을 제안사의 방법론으로 설정하였음을 강조해야 하며, 기술 섹션에서는 배달 시스템의 기술적 구성과 범위 등을 강조해야 하며, 품질 섹션에서는 배달 시스템의 품질 관리 방안에 대해서, 사업관리 섹션에서는 8시간 빠른 배달 시스템의 설계 및 개발 일정에 대해서 기술해야 한다. 이렇게 모든 섹션에서 일관된 내용으로 핵심차별화 솔루션을 기술해야 고객을 설득할 수 있다. 반면 해당 섹션 전략은 말 그대로 해당 섹션에서만 통용되는 전략을 말한다. 다른 섹션과의 일관성을 고려하지 않아도 되는 그 섹션에서만의 독특한 전략이다.

3. 섹션 메시지 개발

해당 섹션에서의 고객의 핵심이슈(or 요구사항) | 앞의 2.1 RFP 요구사항에서는 RFP에서 명시적으로 언급한 공식적 요구사항을 기술하는 것이라면, 여기서는 고객이 RFP에서 명시적으로 요구하지 않았지만 중요하게 고려하고 있는 비명시적/비공식적 핵심이슈와 요구사항을 기술한다. 예를 들어서 RFP에는 담을 수 없는 핵심 키맨의 개인적 니즈, RFP에는 기술되지 않은 사업의 근본 목적 혹은 외부에 알려지길 꺼려하는 고객사 조직의 약점 등을 기술한다.

해당 섹션에서의 자사 핵심 솔루션과 효용 | 고객의 핵심 요구사항을 해결해주기 위해 반드시 필요한 핵심 솔루션을 정의하고, 그것을 통해 고객이 얻을 수 있는 핵심 효용을 기술한다. 여기서의 솔루션은 대체로 기술, 시설, 장비를 의미하지만, 과거의 경험도 포함된다.

해당 섹션에서의 경쟁사의 핵심 솔루션과 효용(예상) | 경쟁사는 이번 사업에서 어떤 솔루션을 제시할 것인가? 이 질문에 대한 답을 적는 것이다. 고객을 만나서 파악하는 것이 제일 좋으나, 불가능하다면, 추측을 통해서라도 작성해야 한다. 이를 통해 자사와 경쟁사 솔루션을 비교할 수 있고, 해당 섹션의 차별적 전략을 도출할 수 있기 때문이다.

해당 섹션에서의 전략 | 제안 전략은 크게 전체 제안서 전략과 해당 섹션 전략이 있다고 앞에서 언급하였다. 여기서는 해당 섹션만의 독특한 전략을 기술한다. 전략 기술문 작성방식은 전체 제안 전략과 동일하다. 자사 강점 극대화, 자사 약점 최소화, 경쟁사 강점 최소화, 경쟁사 약점 극대화 전략을 기술하는 방식은 전체 제안 전략과 동일하다.

4. 섹션 스토리 라인 개발

해당 섹션의 목차 개발 | 표준 스토리보드의 2번부터 3번까지의 정보 내용을 종합적으로 고려하여 해당 섹션의 목차를 개발한다.
목차 개발의 순서와 방법은 전체 목차 개발의 순서 및 방법과 동일하다.

해당 섹션 작성에 필요한 정보 및 자료 List-up | 회사 소개서와 제품 소개서, 조직도, 자사 및 경쟁사 관련 신문 기사 등 제안서 작성에 도움이 되는 정보를 List-up 한다.

3.3.3.2 약식 스토리보드

약식 스토리보드는 소규모 제안 프로젝트에서 활용하면 좋은 도구다. 표준 스토리보드 작성보다 쉽고, 짧은 시간에 작성할 수 있다. 스토리보드 양식을 살펴보자.

목차	작성자		할당 페이지	제안 요청서 내용 (조견표)	제안서 평가항목	해당 섹션 전략		필요한 자료
	정	부				핵심 차별화 요소	표현 방법	

〈약식 스토리보드 양식〉

약식 스토리보드의 작성 목적과 작성 주체 그리고 검토 및 협의 방식은 표준 스토리보드와 동일하다. 여기서 제일 먼저 작성해야 하는 것은 전체 목차다. 위에서 언급한 목차 개발의 순서와 방법을 준용하여 개발한다. 그다음엔 해당 섹션의 담당자를 결정한다. 제안요청서 및 평가 칸에는 해당 섹션과 관련한 **RFP** 요구사항과 평가항목을 해석하지 말고 동일하게 기술한다. 해당 섹션 전략에는 해당 섹션의 차별적 내용과 그 내용을 어떻게 해당 섹션에서 기술할 것인지를 밝힌 표현방법을 기술한다. 필요한 자료 칸에는 해당 섹션 작성에 필요한 회사 소개서와 제품 소개서, 조직도, 자사 및 경쟁사 관련 신문 기사, 논문을 기술한다.

3.4

템플릿 개발

───

　　　　　　　　　　　　제안 기획 단계에서 해야 할 마지막 활동은 템플릿을 개발하고 작성자들과 공유하는 것이다. 필자가 제안 컨설팅을 하면서 고객들에게 템플릿을 개발해야 한다고 하면, 고객 10명 중 8명은 화려하고 세련된 디자인 작업을 떠올린다. 왜 그럴까? 네이버나 구글 상에서 제안서 템플릿이라는 키워드를 쳐 보면 그 이유를 단번에 알 수 있다. 멋진 도형과 세련된 색깔, 고급 사진 그리고 독특한 폰트로 만들어진 파워포인트 템플릿이 수십 개에서 수백 개씩 검색된다. 세련된 디자인, 화려한 도형과 사진을 쓰는 게 문제라는 것이 아니라 오직 이것만 강조하니까 문제라는 것이다. 왜냐하면, 제안 기획 단계에서 템플릿을 확정 짓는다는 의미는 세련된 디자인을 개발한다는 의미가 아니기 때문이다. 그럼 기획 단계에서의 템플릿을 개발한다는 것은 구체적으로 어떤 의미인가?

3.4.1 템플릿의 정의와 중요성

템플릿의 사전적 의미는 형판 혹은 틀이라는 것이지만 제안서 기획 단계에서 개발해야 하는 템플릿의 의미는 크게 보면 두 가지로 설명할 수 있다. 협의로는 제안 내용을 담는 일정한 형식의 틀이라고 말할 수 있다. 광의로는 이해하기 쉽고 평가하기 쉬우면서도 설득적인 제안서를 촉진하는 작성 가이드라고 할 수 있다.

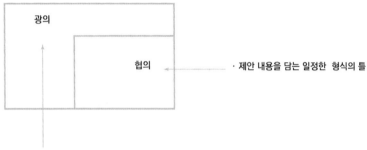

〈템플릿의 정의〉

이런 의미를 갖고 있는 템플릿을 기획 단계에서 개발하고 공유하는 것이 왜 중요한가? 그 이유는 바로 템플릿이 작성자의 사고를 통제하기 때문이다. 형식이 내용을 결정하기 때문이다. 네모 모양의 템플릿을 작성자에게 제공하면 작성자는 네모로 사고를 할 것이며. 세모 템플릿을 주면 세모로 사고할 것이다. 그래서 템플릿이 중요하다.

○○○○
이기는 제안서 개발

3.4.2 템플릿 개발의 2가지 기준

첫째, 고객 관점에서 이해하기 쉽고 평가하기 쉬운 구조를 촉진해야 한다. 왜냐하면, 평가자는 제안서를 소설과 논문처럼 처음부터 끝까지 다 읽지를 않기 때문이다. 근본적인 이유는 제안서 분량에 비해 평가 시간이 짧기 때문이다. 공공 조달 평가의 경우엔 대체로 하루 동안 제안서와 프레젠테이션 평가를 다 끝낸다. 수백 페이지 제안서 몇 권을 하루 동안 제대로 평가하는 것이 결코 쉽지 않다. 민간기업의 경우엔 회사 상황에 따라 자유롭게 평가 시간을 결정할 수 있으나, 별반 다르지 않다. 의사결정권자들은 늘 바쁘다. 제안서를 처음부터 끝까지 소설처럼 읽는 의사결정권자는 없다. 따라서 공공사업이건 민간사업이건 제안서는 짧은 시간 안에 쉽게 이해하고 쉽게 평가하도록 평가자를 돕는 그런 제안서여야 한다. 이를 위해 제안요청서에서 요구한 페이지 형태, 표 양식, 폰트 등은 반드시 준수해야 되므로, 이런 규칙이 템플릿에 반영되어야 한다. 그리고 두괄식과 피라미드 구조를 촉진하는 템플릿이어야 한다.

두 번째는 설득의 3요소가 쉽게 반영될 수 있는 구조여야 한다. 설득의 3요소는 고객의 니즈, 니즈 해결에 적합한 솔루션과 그 솔루션을 통해 고객이 얻게 되는 효용을 의미한다.

3.4.2.1 (2가지 조건이 반영된) 템플릿 표준형

위에서 언급한 템플릿 개발의 2가지 조건이 반영된 템플릿 표준형은 아래와 같은 요소로 구성된다.

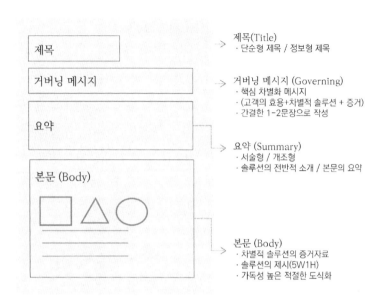

제목(Title)
· 단순형 제목 / 정보형 제목

거버닝 메시지 (Governing)
· 핵심 차별화 메시지
· (고객의 효용+차별적 솔루션 + 증거)
· 간결한 1~2문장으로 작성

요약 (Summary)
· 서술형 / 개조형
· 솔루션의 전반적 소개 / 본문의 요약

본문 (Body)
· 차별적 솔루션의 증거자료
· 솔루션의 제시(5W1H)
· 가독성 높은 적절한 도식화

〈템플릿의 구성 요소〉

3.4.2.2 (2가지 조건이 반영된) A3 가로형 템플릿

A4 세로 템플릿의 가장 큰 단점은 가로 방향으로 연속적으로 펼쳐지는 일정표 등을 기술할 때다. 이런 단점을 보완하기 위해 A3 템플릿을 활용한다. 이때, 가능하면 접이식 대신에 배갈이 형태로 활용하면 좋다.

접이식은 말 그대로 A3를 A4 크기로 접어서 제안서 본문에 넣는 형태다. 배갈이 형태는 제안서 본문을 펼쳤을 때 왼쪽과 오른쪽이 연결된 형태다. 접이식이 많으면 왜 안 좋은가? 짧은 시간에 쫓기면서 평가를 하는 평가자 입장에서는 접이식 A3가 많으면 일일이 펼쳐서 제안서를 평가해야 하기 때문에 꽤 귀찮다. 반면 배갈이

○○○○
이기는 제안서 개발

형태가 제안서 본문을 펼쳤을 때 왼쪽과 오른쪽이 자연스럽게 연결되기 때문에 평가자가 펼칠 필요가 없다. 그래서 가능하면 배갈이 형태가 좋다.

〈A3 가로형 템플릿의 구성 요소〉

4

제안서 개발: 작성

제안서 초안 작성

제안서 기획 단계에서 제안서 작성을 위한 기본 글쓰기 재료를 도출하였다면, 작성단계에서는 이 재료를 활용하여 초안을 작성한다. 이때 중요 고려사항은 크게 세 가지다. 하나는 신속하게 작성해야 한다는 것, 두 번째는 핵심차별화 요소를 반영한다는 것, 세 번째는 평가자가 이해하기 쉽고 평가하기 쉽게 작성해야 한다는 것이다.

4.1.1 제안서 초안을 신속하게 목업하라

목업(Mock-Up)이란 스토리보드(전체 목차, 섹션 기획서)에서 정의된 글쓰기 재료를 제안서 템플릿에 담고 구체화하는 작업을 말한다. 이런 의미의 목업 산출물은 PM과 PL, 작성자 간의 정확한 의사소통의 도구로써 활용된다. 많은 시간을 필요로 하는 제안서 본문의 세부 내용을 작성하기에 앞서서 해당 부문의 작성 방향이 타당한 것인지 검토하고 수정할 수 있기 때문이다. 따라서, 목업 산출물을 제안서 개발 초기 단계에서 작성하여 PM과 PL, 작성자 간에 공유하면 제안서 막판에 대폭적인 개정을 해야 되는 비효율을 막을 수 있다. 어떻게 해야 목업을 신속하게 작성할 수 있는가?

〈제안서 초안의 목업 방식〉

먼저, 할당된 페이지만큼 빈 페이지를 만든다. 둘째, 제목, 거버닝, 요약의 초안을 작성한다. 이때 완성된 문장을 만들겠다는 다짐은 버려야 한다. 표현이 거칠고, 적합한 단어를 사용하지 않아도 무방하다. 머릿속에 직관적으로 떠오르는 단어와 문장을 쓴다는 가벼운 마음으로 작성한다. 셋째, 본문의 공간을 확보하고 관련 Raw 데이터를 붙인다. 여기서 눈여겨봐야 하는 키워드는 '붙인다'라는 것이다. 즉, 과거의 유사 제안서 혹은 다른 자료집에서 거버닝 혹은 요약을 뒷받침하는 자료를 카피 앤 페이스트(Copy and Paste)를 하라는 것이다. 넷째, 이렇게 작성한 제안서 초안을 가지고 제안서 PM 혹은 섹션 리더인 PL과 작성자가 만나서 제안서 초안을 공유한다.

목업 작업은 제안서의 세부 내용을 완성하는 작업이 아니라, 제안 내용의 방향과 의도를 공유하고 검토하기 위한 것이다. 따라서 세부 내용에 집중하지 말고 논리적 전개를 스케치한다는 마음으로 임해야 한다. 내용을 완벽하게 작성하지 않아도 되지만, 어떤 데이터를 어떤 방식으로 활용할 것인지, 논리적 전개를 파악할 수 있을 정도의 내용은 작성해야 한다.

4.1.2 핵심차별화 요소가 반영된 제안서

핵심차별화란 고객이 중요하게 생각하는 요구사항을 해결해 줄 수 있는 솔루션을 말한다. 이런 솔루션을 제안서에 반영해야 한다. 제안서는 제목, 거버닝과 요약 그리고 본문으로 구성되어 있다. 여기에 차별화 요소를 반영해야 한다. 구체적인 방법을 살펴보자.

4.1.2.1 제목

제목은 두 가지 이유 때문에 중요하다. 첫째, 독자의 시선을 이끄는 역할을 하기 때문이다. 신문의 헤드라인 역할과 동일하다. 신문에는 많은 정보가 담겨 있다. 따라서 대체로 독자들은 그 많은 정보들 속에서 자신이 관심을 갖는 주제만 본다. 이를 위해 독자들이 신문에서 제일 먼저 보는 것이 큼지막한 크기와 자극적인 단어로 구성된 헤드라인을 먼저 읽는다. 그리고 그 헤드라인이 독자의 관심 주제면 그제서야 독자는 본문을 꼼꼼히 읽는다. 즉 헤드라인이 독자의 흥미를 이끌지 못하면 독자는 본문을 읽지 않는다. 제안서도 마찬가지다. 제안서를 소설 읽듯이, 논문 읽듯이 처음부터 끝까지 다 읽는 평가자는 없다. 시간에 쫓기기 때문에 제안요청서에서 요구한 목차와 평가표 항목 위주로 발췌해서 제안서를 읽는다. 따라서 제목을 제안요청서 상에서 요구한 대로 그리고 매력적으로 작성하지 않는다면 평가자는 본문을 읽지 않을 것이고, 좋은 평가를 받기 어렵다.

제목이 중요한 두 번째 이유는 제목은 본문 내용을 미리 예측하도록 돕기 때문에 중요하다. 즉 제목은 정보를 쉽게 해석하도록 돕는 맥락(Context) 역할을 수행한다. 제목만 보고도 하위 본문 내용이 어떻게 구성되어 있을지 예측 가능하도록 독자를 도와야 한다. 제목은 제안서뿐만 아니라 사내 보고서를 작성할 때도 중요하다. 제목만 보고도 의사결정권자가 그 보고서의 내용을 예측할 수 있어야 한다. 예를 들어서 '시스템 운영 평가'라는 보고서 제목은 잘 작성된 제목일까? 단순히 '보고서'라고 적은 것보다는 정보를 담고 있으니 괜찮은 제목일까? '15% 비용 절감을 위한 시스템 운영 평가'라는 제목은 어떤가? '15% 비용 절감을 위한 3단계 시스템 운영 평가'라는 제목은 어떤가? 가장 적합한 제목이다. 왜냐하면, 이 제목만 보고도 본문의 핵심 결론을 이해할 수 있기 때문이다.

이렇게 중요한 제목은 크게 단순형 제목과 정보형 제목으로 구별한다. 단순형 제목은 제안요청서에서 요구한 제목이고, 반드시 준수해야 하는 제목이다. 반면 정보형 제목은 자사의 핵심차별화 내용 즉 솔루션과 그 솔루션을 통해 얻을 수 있는 효용이 담긴 제목이다.

〈제목의 종류〉

단순형 제목	정보형 제목
1. 무기체계 　1.1 개발 목표 및 추진전략 　1.2 체계통합 및 구성품 개발 계획 　1.3 체계 및 구성품 요구성능 충족도 　1.4 상호운용성 확보 계획 　1.5 SW개발관리 방안 **2. 일정, 비용, 품질, 위험관리계획** 　2.1 개발추진계획 및 일정	1. 기존 체계 대비 30% 시간 단축되는 체계 2. 3개월 단축 시공 가능한 OOO설계기술 3. 실시간 감시 가능한 OOO탐지 준비

제안요청서에서 요구한 제목이 아니고, 작성자 재량으로 개발할 수 있는 제목이라면 정보형 제목을 사용한 것이 유리하다. 왜냐하면, 정보형 제목에는 고객 설득에 유리한 자사의 핵심차별화 요소가 담겨 있을 뿐만 아니라 하위 본문 내용이 어떻게 구성되어 있는지 쉽게 예측할 수 있도록 돕기 때문이다.

4.1.2.2 거버닝 메시지

거버닝(Governing)의 사전적 의미는 '통치하는, 지배하는, 관리하는'이라는 의미다. 즉 제안서라는 공간에서 거버닝의 의미는 한 장의 제안서를 지배하는 핵심메시지로 설명할 수 있다. 조금 더 구체적으로 제안서 상에서의 거버닝의 의미는 다음의 질문에 대한 답을 제공하는 메시지를 의미한다.

- 왜 우리의 제안이 채택되어야 하는가?
- 왜 경쟁사는 채택되면 안 되는가?
- 고객은 자사 솔루션을 통해 어떤 혜택을 받는가?

- 그것이 어떻게 가능한가?
- 자사 솔루션이 우수하다는 것을 어떻게 증명할 수 있는가?

거버닝 메시지에는 자사의 핵심차별화 요소가 담겨야 한다. 아래의 거버닝 예시를 살펴보자.

거버닝 메시지 사례

국민은행은 제안사의 국내 유일 홍채 인식 기술과 V&V방법론(20년의 경험)을 통해 무결점의 보안 시스템을 개점 1개월 전에 운용할 수 있습니다.

〈거버닝 메시지 사례〉

'국민은행'은 고객사 이름이다. '국내 유일 홍채 인식 기술과 V&V 방법(20년의 경험)'은 자사 솔루션의 특성이다. '무결점의 보안 시스템 1개월 전 운용'은 고객이 얻는 효용이다. 이런 식으로 작성하면 매력적인 거버닝 메시지가 된다. 크게 3가지를 고려하면 된다.

- 고객의 효용을 솔루션의 특징에 연결하라
- 가능한 효용을 구체화 혹은 계량화(Quantify)하라
- 간결하게 작성하라(Be concise)

4.1.2.2.1 고객의 효용과 솔루션 특성 연결

고객이 얻을 수 있는 효용과 그것을 가능하게 하는 자사 솔루션

의 핵심 특성을 기술하면 된다. 두 가지 모두 기술하되, 작성의 강조점은 고객이 얻을 수 있는 효용이다. 그 이유는 앞서 말한 것처럼 고객 관점의 제안서들은 고객이 얻을 수 있는 효용을 강조하기 때문이다. 그리고 고객 관점의 제안서가 설득적이기 때문이다. 고객은 솔루션과 제품을 구매하는 것이 아니라 그것을 통해 얻을 수 있는 기쁨과 환희, 즐거움을 구매한다. 따라서 효용을 강조하는 거버닝 메시지여야 한다. 그렇다면, 어떻게 하면 효용을 강조하는 문장을 작성할 수 있을까? 간단하다. 문장의 주어를 고객 이름으로 사용하면 자연스럽게 고객이 얻게 될 효용을 강조하게 된다. 이 책을 읽는 독자들은 잠시 이 책을 접고, 과거에 쓴 제안서를 살펴보기 바란다. 그리고 제안서에 기술된 핵심 문장을 읽어 보기 바란다. 주어가 고객사로 되어 있는가? 자사로 되어있는가? 핵심 문장의 주어가 자사로 되어있으면 문장이 자사 솔루션의 강점 위주로, 고객사로 되어있으면 효용 위주로 기술되어 있을 것이다.

무기체계 연구개발 제안서의 경우엔 고객이 복수이거나, 보안 때문에 언급할 수 없는 경우가 있다. 이런 경우엔 어쩔 수 없이 문장의 주어를 자사로 해야 할 것이다. 그럼에도 문장의 핵심메시지는 고객이 얻을 수 있는 효용에 중점을 두어야 한다.

4.1.2.2.2 효용의 구체화 혹은 계량화

고객이 얻을 수 있는 효용은 구체화 혹은 계량화해야 설득적이다. '신속하게, 최대한 빠르게', '효과적인, 효율적인'. '간편한 시스템', '매출액 상승, 비용 절감' 등의 단어는 우리가 숱하게 많이 쓰는 상투어(Cliché)다. 고객의 효용을 뜻하는 단어들이지만 천편일률

○ ○ ○ ○

적이어서 설득적이지 않다. '20% 단축된 속도, 과거 대비 20% 상승', '20억 증가, 30억의 비용 절감', '기존 시스템 대비 3단계 단축된 시스템' 등처럼 구체적이어야 설득적이다.

'구체적'이라는 말은 영어로 Concrete인데, 이 말의 어원은 '감각과 함께하는'이라는 의미가 내포되어 있다. 감각은 시각, 청각, 촉각, 후각, 미각 등의 오감으로 구성되어 있다. 효용을 구체화하라는 말은 오감을 자극할 수 있어야 한다는 뜻이다. 세일즈 격언 중에 "스테이크를 판매하지 말고 스테이크가 철판에서 구워지면서 나는 지글거리는 소리를 팔아라"라는 말이 있다. 고객의 오감을 자극하라는 말이다. 오감을 자극하면 판매에 성공할 수 있기 때문이다.

몇 년 전 교육과정개발 프로젝트 때문에 올림픽 공원 근처의 회사에 오랜 시간 출퇴근한 적이 있다. 많은 사무실이 몰려 있던 지역이었기 때문에 근처에 많은 음식점이 있었다. 지금도 그렇지만 몇 년 전에도 음식점이 많다 보니 경쟁이 치열하였다. 잘 되는 음식점은 계속해서 잘 되지만, 안 되는 음식점은 생존하기 힘든 그런 지역이다. 그런데 유독 많은 사람들이 붐비는 생선 음식점이 있었다. 재미난 사실은 그 생선 음식점의 음식이 특별히 맛있는 것도 아니고 특별한 서비스를 제공하고 있는 것도 아닌데, 잘 된다는 것이었다. 그 이유가 뭘까? 궁금해졌다. 그렇게 며칠 고민을 하다가 어느 날 점심시간이 가까워진 11시 30분경에 그 이유를 알게 되었다. 그 음식점 주인은 어김없이 11시 30분경이면 생선 굽는 냄새가 그 주변 지역에 널리 퍼지도록 하기 위해서 음식점 밖으로 생선을 굽는 화로를 들고나와서 생선을 굽는 것이었다. 그 냄새가 생선을 먹고 싶다는 식욕을 자극하는 것이었다. 그 음식점 주인은 영리한 사람이었다. 이처럼 제안서도 평가자의 오감을 자극할 수 있도록 구체적인 내용으로 구성되어야 한다는 것이다.

40대 중후반의 남자 외모를 칭찬할 때는 '멋진 꽃 중년'이라는 표현보다는 '조지 클루니가 뺨 맞고 갈 외모'라는 표현이 와 닿는다. 초등학생 자녀의 달리기를 칭찬할 때는 '정말 빠르다'라는 표현보다는 '우사인 볼트 같네'라는 표현이 귀에 꽂힌다. 지인의 박학다식함을 칭찬할 때는 '똑똑하다'라는 표현보다는 '살아 움직이는 인터넷'이라는 표현이, 한국적 미모를 칭찬할 때는 '청순한 미인'이라는 표현보다는 '송혜교 20대의 모습'이라는 표현이 와 닿는다. 돈만 밝히는 속물인데, 겉으론 돈에는 관심 없고 모든 사회 계층의 연대에 관심 있는 것처럼 이중적 모습을 보이는 진보 인사들을 비난할 때 '이중적인 진보 인사'라는 표현보다는 '강남좌파' 혹은 '입진보'라는 표현이 와 닿는다.

이런 비유가 와 닿는 이유는 오감으로 보고, 듣고, 만지고, 맡을 수 있는 사람과 사물로 빗대었기 때문이다. 사람과 사물은 추상적이지 않고, 오감으로 느낄 수 있다.

4.1.2.2.3 간결한 작성

'목욕물을 버릴 때 아기도 함께 버리는' 것이 아니라면 가능한 한 거버닝 메시지는 간결하게 작성하는 게 좋다. 사람은 기본적으로 인지적 구두쇠다. 신경 쓰는 것을 싫어한다는 뜻이다. 더군다나 제안서 평가의 시간이 짧다. 따라서 간결하게 작성해야 평가자의 시선을 이끌고, 그들을 설득할 수 있다. 가능하면, 한 개의 문장 혹은 두 개의 문장으로 끝내는 것이 좋다.

○ ○ ○ ○

4.1.2.3 요약

거버닝 메시지가 경쟁사 대비 핵심차별화 솔루션과 그 솔루션을 통해 고객이 얻게 될 핵심적 효용 위주로 작성하는 것이라면, 요약은 거버닝 메시지 주장의 근거가 되는 본문 내용을 요약한 것으로서, 고객의 주요 요구사항 및 솔루션의 전반적인 내용을 소개한다.

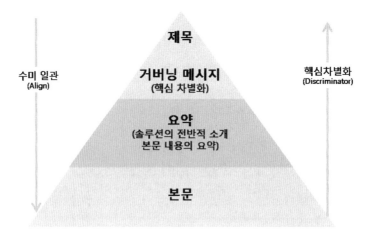

〈거버닝과 요약의 차이〉

이런 의미를 갖고 있는 요약 작성 방법은 크게 2가지다. 하나는 개조형이며, 다른 하나는 서술형이다. 사업 성격에 따라서 적절한 방식을 선택하면 되나, 공공기관을 발주처로 하는 사업의 경우엔 대체로 개조형을 선택한다. 왜냐하면, 공문서가 개조형으로 작성되다 보니까, 제안서 평가자들도 개조형에 익숙하기 때문이다.

〈개조형과 서술형 요약〉

개조형	서술형
· 사업 관리상의 핵심위험 고려(탐색 개발 생략) · RFP 3절 1항 요구조건과 제안사의 해결책 제시 · EVMS/CAIV를 통한 비용 및 일정 관리 계획 수립 및 00 기술의 선행 연구로 개발원가 절감 방안 제시 · 공학적 분석을 통한 양산비/운영유지비 산정 방안 제시	· 본 사업은 탐색/체계 개발을 동시에 진행하는 과제로 개발 일정이 촉박하고, 비용 초과 위험이 충분한 사업입니다. 따라서 제안사의 탐색 개발에 해당하는 자체 선행 연구 경험이 절대적으로 필요합니다. · 제안사는 RFP 3절 1항에서 요구한 조건을 달성하기 위해 탐색·개발 시 축적한 EVMS/CAIV를 통한 비용 및 일정 관리 계획을 수립하였으며, 00 기술의 선행 연구로 개발원가 절감 방안을 제시하였습니다. · 그리고 공학적 분석을 통한 양산비/운영유지비 산정 방안도 제시하였습니다.

개조형의 장점은 핵심 단어 위주로 간결하게 작성할 수 있다는 점이다. 단점은 자세하게 본문 내용을 소개할 수 없다는 점이다. 짧은 단어 위주로 작성하다 보니까 자연스럽지 않아서 읽을 때 다소 불편하고, 반드시 전달해야 되는 단어를 생략해서 오독을 일으킬 가능성이 크다는 점이다. 서술형의 장점은 본문의 내용을 자세하게 전달해 준다는 점이다. 국내 제안서의 본문은 80% 이상이 도식화 도형과 사진 등으로 구성되어 있다. 직관적으로 쉽게 읽을 수 있으나, 완성된 정보를 제공하는 것이 아니므로 도형과 사진만으로는 완성된 메시지를 전달할 수 없다. 바로 이런 이유 때문에 서술형 요약이 중요하다. 반면 서술형의 단점은 개조형에 비해 글자 수가 많으므로 직관적인 의미해석이 어렵다는 점이다. 어떤 요약을 활용할 것인가는 본문 내용과 형태를 고려하여 결정해야 한다. 본문 내용만 보고도 쉽게 이해가 된다면 개조식을 사용하고, 쉽게 이해가 안 된다면 서술형이 유리하다.

4.1.2.4 본문

자사의 핵심차별화 요소를 제안서의 본문에 반영하는 방법을 살펴보자. 크게 솔루션 비교법, 성공 및 레슨런 스토리, 가치 제안 등 구체적인 작성 스킬을 살펴보자. 이런 스킬 활용을 통해 자사 핵심 차별화 요소를 부각시킬 수 있다.

4.1.2.4.1 솔루션 비교법

솔루션 비교법이란 자사와 경쟁사 솔루션 비교를 통해 자사의 강점을 극대화하고 경쟁사의 약점을 공략하는 기술이다. 이렇게 비교하는 방식을 취하는 이유는 경쟁사의 이름을 직접 거론하지 말고 교묘하게 언급해야 하기 때문이다. 경쟁사의 이름을 거론하면 자사에 대한 신뢰가 떨어지기 때문이다. 인간관계에서 타인에 대해서 뒷담화를 하는 사람에게 불신이 생기는 것과 같은 이치다. 핵심적 방법은 크게 3가지다.

- 경쟁사의 이름을 직접적으로 언급하지 않기
- 자사와 경쟁사의 솔루션을 비교하는 방식 취하기
- 자사 솔루션의 설명에 주안점을 두기

솔루션 비교법을 통해 경쟁사 약점을 적극 공략한 또 하나의 사례를 살펴보자. 2007년도 스티브 잡스의 아이폰 신제품 설명회 PT 사례다. 잡스는 PT 도입부에서 아래의 장표를 사용했다.

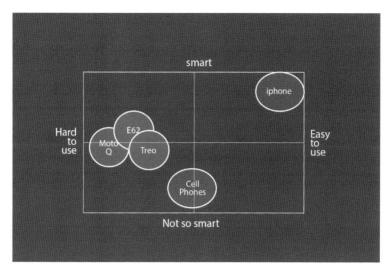

〈잡스의 솔루션 비교법 장표〉

이 매트릭스의 Y축은 '얼마나 똑똑한가?' X축은 '얼마나 사용하기 편리한가'를 의미한다. 두 변수로 사분면의 매트릭스를 그렸고, 애플이 개발한 아이폰과 기존의 제품을 일목요연하게 비교하였다. 아이폰은 2사분면에 위치하고 있으며, 나머지 제품은 1사분면과 3사분면에 위치시켰다. 즉, 기존 경쟁사 제품들은 그리 똑똑하지도 않고, 사용이 간편하지도 않다는 것이다. 그리고 이런 문제점을 해결한 제품이 바로 애플이 개발한 아이폰이라는 것이다. 잡스가 실제로 언급했던 스크립트를 살펴보자.

"본격적인 아이폰 소개에 들어가기에 앞서서 이 제품의 카테고리에 대해서 먼저 이야기해 보죠. 가장 발전한 전화를 스마트폰이라고 부릅니다. 사람들이 그렇게 말하고 있죠. 그리고 그것들은 전형적으로 전화와 이메일 기능이 결합되어 있고, 아주 초보적인 인터넷이 결합되어 있습니다. 그리고 그것들 모두는 하나같이 작은 플라스틱 키보드를 가지고 있습니다. 문제는 이런 전화기들이 그리 스마트하지도 않고, 이용하기도 쉽지 않다는 것입니다.
스마트 측면과 사용 용이성 측면에서 보면 일반적인 휴대전화는 별로 스마트하지 않고 사용 용이성도 별로입니다. 스마트폰은 일반 휴대전화보다는 조금 스마트하긴 하지만 사용하기가 매우 어렵습니다. 정말 복잡합니다. 애플은 이런 것을 개발하지 않습니다. 우리가 원하는 것은 어떤 기기보다 더 스마트하고 사용하기 쉬운 제품을 만드는 것입니다. 아이폰은 여기에 위치합니다. 애플은 휴대전화를 새로 발명하려고 합니다."

독자들은 4분면의 매트릭스에서 왜 애플의 아이폰이 기존 제품들보다 왜 더 우수한가? 그 근거는 뭘까? 라는 의문이 들지 않는가? 필자도 처음 이 장면을 봤을 때 이런 의문이 들었다. 그런데 이런 의문은 잡스 입장에서는 잡스의 PT를 도와주는 건설적인 의문이다. 왜냐하면, 이 주장을 뒷받침할 본론부의 PT 내용에 집중하도록 만들기 때문이다. 잡스는 도입부에서 늘 이렇게 청중의 관심과 몰입을 유도한다. 왜 잡스의 PT가 파워풀한지 알 수 있는 대목이다.

사실 이 슬라이드에서 한 가지 문제점은 노골적으로 경쟁사 이름을 거론했다는 점일 것이다. 옥의 티가 아닐 수 없다. 그럼에도 불구하고 큰 문제가 되지 않는 이유는 경쟁사 제품을 비난하는 데 많은 시간을 쏟지 않고, 자사의 아이폰 소개에 초점을 맞추었다는 점이다.

또 하나의 사례를 살펴보자. 경쟁사보다 30% 인장 강도 우수성을 강조하기 위해 네트 재질의 강도를 비교한 사례다. 이렇게 솔루션 비교를 통해 평가자에게 전달하고 싶은 핵심메시지는 다음과 같다.

○ ○ ○ ○

"제안사의 OOO 네트는 M&S 실험 결과 XXX 계열 네트보다 30%
이상의 인장 강도 우수성을 갖는 것으로 나타났습니다. 인장 강도
가 우수하기 때문에 야지에서의 방호능력이 향상되었습니다"

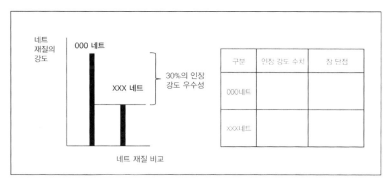

〈솔루션 비교법 예시〉

경쟁사의 약점을 공략하는 방법은 솔루션 비교법만 있는 게 아니
다. '물고 늘어지기' 전략도 있다. 말 그대로 경쟁사의 약점을 집요
하게 공략하는 것이다. 이 전략도 솔루션 비교법과 같이 교묘하게
경쟁사 이름을 거론하지 않으면서 공략해야 한다. 아래 도표는 이
전략과 관련한 예시다.

<'물고 늘어지기' 전략 예시>

경쟁사 약점	공격 전략
• 고객사 시스템 구축 경험 부족	• 3천 개의 응용 시스템을 변경해야 되는 고난도의 사업 강조 • 초 단납기 사업 강조
• 인력 부족	• 경험 많은 선행 수행인력 투입강조
• 지체상금 경험	• 기간 내 완료 경험 강조

위의 표 예시를 보듯이 경쟁사의 약점이 '고객사 시스템 구축 경험 부족'이라면, 이런 약점을 공략하기 위해 '3천 개의 응용 시스템을 변경해야 하는 고난도 사업'이며 그러면서도 '초 단납기의 사업'임을 강조하는 물고 늘어지기 전략도 유효하다. 경쟁사가 '인력이 부족하다'라는 약점이 있다면 자사는 '경험 많은 선행 수행인력 투입을 강조'하고, 경쟁사가 과거에 일정을 준수하지 못해 '지체상금을 지급한 경험'이 있다면 자사는 '기간 내 완료 경험이 많다'라는 것을 강조하면 고객 설득에 효과적이다.

경쟁사의 약점을 공략하는 커뮤니케이션 전략은 수주 경쟁에서뿐만 아니라 마케팅 광고 경쟁에서 늘 활용되는 전략이기도 하다. 경쟁사의 약점을 잘 공략하여 대성공한 대표적인 사례가 바로 하이트 맥주다. 1990년대 초까지는 오비맥주가 부동의 1위 업체였다. 맥주 하면 오비맥주라는 등식이 성립할 정도로 브랜드 파워가 강했다. 당시 조선맥주는 만년 2위 업체였다. 그러던 오비가 서서히 무너지기 시작했는데, 그 이유는 당시 오비맥주의 계열사인 두산전자 페놀 무단 방류 사건으로 국민들이 좋은 물에 대한 관심이 커지기 시작했고, 조선맥주는 이 기회를 적극 활용하기 시작했다. 하이트 맥주를 출시하면서 150m 암반수로 맥주를 만들었다는 대대적인 광고를 시작했다. 어떤 광고인가? 대표적인 광고 카피를 살펴보자.

> '좋은 물로 만든 맥주 맛은 정말 다르네!'
> '맥주의 90%는 물 어느 맥주를 드시겠습니까?'
> '일반 물로 만든 맥주, 천연수로 만든 맥주 어떤 맥주를 선택하겠습니까?'
> '맥주를 끓여 드시겠습니까?'

이런 광고 카피는 페놀을 무단 방류한 두산전자의 계열사인 오비 맥주는 좋은 물로 맥주를 만들지 않고 있을 것이라는 일반 소비자들의 불안 심리를 적절하게 공략한 성공 사례다. 당시 이런 마케팅 전략으로 하이트 맥주는 경쟁우위를 점하게 되었는데, 이런 상황에서 오비는 어떤 전략을 취해야 됐을까? 즉, 같은 계열사인 두산전자의 무단 페놀 방류 사건으로 브랜드 불신이라는 약점에 직면하였다. 이 약점을 어떻게 극복해야 했을까? 두산전자와 오비맥주는 별개라는 것. 그리고 하이트는 지하 150m의 물을 사용하지만, 우리는 지하 200m에서 물을 뽑아서 맥주를 만든다고 대대적인 광고를 취해야 되지 않았을까?

4.1.2.4.2 성공 스토리

성공 스토리 작성 스킬은 자사의 과거 성공 경험을 스토리 형태로 기술하는 것을 말한다. 대규모이면서 위험이 크거나, 이미 만들어진 제품이 아닌 미래의 어느 시점에 결과물이 완성되는 사업이거나, 눈에 보이지 않는 무형의 솔루션을 구매해야 되는 고객은 그 무엇보다 판매자의 과거 유사 경험을 중요하게 생각한다. 성공 경험 스토리는 유사분야의 과거 실적과 다르다. 실적은 리스트 방식으로 표현하지만, 성공 스토리는 다양한 정보가 표현된다. 실적이 정량적 측면에 치중한다면, 스토리는 정성적 측면에 주목하는 것이다. 구체적인 작성 방법은 다음과 같다.

1. 성공 스토리 자료 수집	2. 제안서 적용 방법 선택	3. 작성
· 본 사업의 핵심 이슈와 유사한 과거 사업 선택 · 템플릿 작성	· RFP에서 요구하지 않았음에도 상위 목차로 개발할 것인가? · 본문의 하위 내용으로 포함시킬 것인가?	· 성공 스토리 제목 선정 · 과거 고객의 핵심이슈 · 자사 솔루션 · 과거 고객이 얻게 된 가치

〈성공 스토리 작성 방법〉

첫째, 1단계에서는 본 사업의 핵심이슈와 유사한 과거 고객으로
부터 호평을 받았던 사업을 선택하고, 성공 스토리 작성을 위한 기
초자료를 수집해야 한다. 중요한 정보를 빠짐없이 수집하기 위해선
'성공 스토리 개발 템플릿'을 활용하면 큰 도움을 얻을 수 있다.

〈성공 스토리 개발 템플릿〉

1. 기본 정보			
사업명		작성자	
사업 기간		사업 금액	
예상 RFP 발행일		제안서 제출일	

2. 경쟁 상황(Focus of competition)		
2.1 본 사업 고객의 핵심 요구 및 이슈 사항(가급적 3개 이내)		
1.		
2.		
3.		
2.2 (고객 인식하고 있는) 자사 및 경쟁사의 강점과 약점		
구분	강점	약점

자사		
경쟁사 1		
경쟁사 2		

3. 성공 스토리 개발

3.1 성공 스토리 개발 목적 명확화

자사의 어떤 강점을 뒷받침하기 위해 성공 스토리를 개발하는가?

경쟁사의 어떤 약점을 공략하기 위해 성공 스토리를 개발하는가?

3.2 과거 성공 스토리 정보

구분	내용
과거 사업명 및 개요	
과거 고객이 처한 도전적 상황(사업 발주 배경)	
과거 고객의 핵심 요구 및 이슈	
자사가 제공한 솔루션 핵심 내용	
과거 고객이 얻은 결과(가치/효용)	

성공 스토리 개발을 위한 템플릿 사용법을 간략히 소개한다. 1. 기본 정보는 사업과 관련한 기본 정보를 작성하면 된다. 2. 경쟁 상황은 2.1 본 사업 고객의 핵심 요구 및 이슈와 2.2 자사 및 경쟁사의 강점과 약점을 기록한다. 이런 정보가 필요한 이유는 성공 스토리는 기본적으로 자사의 강점 메시지를 뒷받침해 주는 증거 자료로 활용하기 위한 수단이기 때문이다. 3. 성공 스토리 개발에서는 스토리 초안을 작성한다는 자세로 작성하면 된다.

둘째, 2단계에서는 과거 사업에서의 성공 스토리를 현재 사업의 제안서 상에서 어떻게 적용할 것인지 결정한다. 크게 부각시키기 위해 Level 1-3의 상위 목차에 반영할 것인가 아니면 본문의 하위 내용으로 포함시킬 것인가를 결정한다. 양자의 차이는 전자의 방식으로 하면 목차 상으로 크게 부각될 것이고, 후자의 방식으로 하면 목차 상으로는 부각되지 않는다. 또한, 전자의 방식으로 작성하면 제안서에 많은 양의 정보가 작성될 것이다. 대략 2~3페이지 정도 작성한다. 반면 후자의 방식으로 작성하면 핵심 키워드 위주로 작성하고, 대략 반 페이지 혹은 1페이지 정도로 작성한다.

셋째, 3단계에서는 실제 제안서에 반영할 내용을 개발하는 단계로서, 크게 4개 요소를 작성해야 한다. 성공 스토리 제목, 과거 고객의 이슈, 자사가 제공한 솔루션, 그 솔루션을 통해 고객이 얻은 기대효과(가치, 효용) 등을 작성한다. 이때 각각의 요소는 다음과 같은 가이드에 따라서 개발한다.

〈매력적인 성공 스토리 작성 가이드〉

구분	작성 가이드
제목	**독자의 시선을 이끌 수 있는가?** 1. 과거 고객이 얻은 효용과 솔루션 2. 간결한 작성 3. (선택) 독자의 정서 자극 위한 창의적 비유
이슈	**과거 고객이 직면한 도전적 상황이 쉽게 이해 되는가?** 1. 고객의 핵심 요구 사항 혹은 이슈 2. 구체적인 단어 및 수치 사용
솔루션	**과거 고객의 도전적 상황을 해결한 솔루션인가?** 1. 핵심이슈 해결과 연관된 솔루션 제시 2. 구체적인 정보 제공 (5W1H의 관점에서)

○ ○ ○ ○

이기는 제안서 개발

가치(혜택/효용/기대효과)	과거 고객이 자사 솔루션을 통해 얻은 기대 효과 혹은 가치를 구체적으로 작성하였는가? 1. 고객이 얻은 재무적 혹은 비재무적 가치 규명 2. 자사 솔루션과 고객 가치간의 인과 관계 언급

4요소 중에서 어느 것 하나 중요하지 않은 것이 없지만, 가장 작성하기 까다로운 것은 과거 고객이 자사 솔루션을 통해 얻은 가치를 규명하고 구체화하는 것이다. 가치는 크게 재무적 가치와 비재무적 가치로 구별할 수 있다. 재무적 가치는 경영성과와 밀접하게 관련된 것으로서 매출액과 비용, 순이익, 수익성, 시장점유율, 자산 수익률, 주가 등이며, 대표적인 비재무적 가치는 구성원의 조직 만족도 및 충성도, 고객 충성도와 서비스 만족도, 브랜드 인지도와 명성 등이다. 가능하면 가치는 재무적 가치와 관련한 경영 성과로 보여주는 것이 효과적이다. 예를 들어서 '경쟁사 대비 8시간 빠른 배달 가능한 시스템'이라는 가치 진술보다는 '8시간 빠른 배달 시스템 통해 매출액 20% 증가'하였다는 가치 진술이 훨씬 더 매력적이라는 것이다.

이제는 성공 스토리 템플릿을 활용한 작성 사례를 살펴보자. 앞서 얘기했듯이 성공 스토리는 Level 1~3 수준의 상위 목차로 개발할 수 있고, 본문의 하위 내용으로 개발할 수 있다. 전자 방식으로 개발하면 대체로 2~3페이지 분량으로 개발하게 되고, 후자 방식으로 개발하면 1페이지 혹은 반 페이지 분량으로 개발하게 된다. 이렇게 분량에서는 큰 차이가 있지만, 내용은 크게 다르지 않다. 성공 스토리의 4요소인 제목, 이슈, 솔루션, 기대효과는 분량과 상관없이 모두 담겨야 한다. 관련 예시를 살펴보자. 아래 예시는 반 페이지 분량으로 개발된 예시다. 즉 목차 상에서는 식별되지 않고, 본문의 최종 하위 단계에서 적용된 사례다.

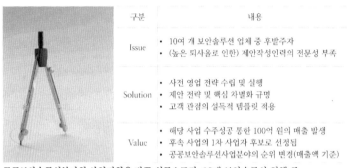

구분	내용
Issue	• 10여 개 보안솔루션 업체 중 후발주자 • (높은 퇴사율로 인한) 제안작성인력의 전문성 부족
Solution	• 사전 영업 전략 수립 및 실행 • 제안 전략 및 핵심 차별화 규명 • 고객 관점의 설득적 템플릿 적용
Value	• 해당 사업 수주성공 통한 100여 원의 매출 발생 • 후속 사업의 1차 사업자 후보로 선정됨 • 공공보안솔루션사업분야의 순위 변경(매출액 기준)

공공보안솔루션분야의 사업지형을 바꾼 성공스토리. 10개 보안솔루션 업체 중 후발주자였고, 제안작성인력의 전문성이 부족한 도전적 상황에서 . 제안사의 제안 컨설팅을 통해 0000회사는 공공보안솔루션 사업분야의 선두 주자로 도약하는 계기가 되었습니다. 이에 따라 0000회사는 제안사에 감사패를 수여하였습니다.

〈성공 스토리 사례〉

4.1.2.4.3 레슨런 스토리

레슨런 스토리란 간단히 말해 과거의 실수를 통해 배운 이야기를 의미한다. 과거의 부정적인 사건을 일부러 들춰내는 것은 바람직하지 않다. 그러나 고객이 정확하게 인식하고 있고, 경쟁사가 그 약점을 공략할 것이 분명한 경우에는 과거의 실패 경험에 대한 적절한 대책이 수립되어야 한다. Lesson Learned 스토리는 연속된 사업의 선행사업자에게는 특히 더 중요하다. 앞선 사업에서의 실수를 어떻게 극복할 것인지 그 대안을 제시해야 한다. 먼저 과거 사업 수행 시 발생한 문제를 간략하게 나열하고, 그런 문제가 2차 사업에서 동일하게 발생하지 않도록 하기 위해 어떤 대안을 만들었는지 제시한다. 이런 대안을 만들 때는 무엇을 제거하고, 감소시키고, 무엇을 증가시키고, 새롭게 창안할 것인지 언급하면 된다.

공공기관의 SI 관련 사업의 사례다. 입찰에 참여한 이 회사는 1차 선행사업자로서 경험을 가지고 있다. 이 회사는 처음으로 본 사업에 참여하였고, 적지 않은 시행착오를 경험했다. 설계변경으로 인해 납기일을 30일 초과했고, 품질 문제도 발생했고, 외부 공사 중 작업자가 다치는 사건도 발생했다. 이것을 경쟁사도 알고 있었고, 경쟁사가 1차 사업 수행 시의 문제점을 적극적으로 공략할 것이라는 정보가 입수되었다. 대책이 필요했다. 그래서 이 회사는 제안 PT의 맨 앞 도입부에서 1차 사업 수행 시의 문제점을 솔직하게 언급하였고, 동일한 문제가 2차 사업에서 발생하지 않도록 하기 위해 무엇을 제거하고, 감소시키고, 무엇을 증가시키고, 새롭게 창안할 것인지를 사업 배경과 전략 섹션에서 언급하였다. 아래 시트지는 관련 내용을 일목요연하게 제안서에 제시할 때 사용하면 효과 만점인 템플릿이다.

과업 수행 중 당연한 것으로 받아들인 요소들 중 제거할 요소는 무엇인가?			줄어야 될 활동은?
	Eliminate (제거)	Reduce (감소)	
	Raise (강화)	Create (창안)	
증가 시켜야 될 활동은?			새롭게 창안해야 될 활동은?

〈레슨런 스토리 중 대안개발 템플릿〉

아래의 사례는 국방 제안서의 사례다. 제안사는 1차 사업의 수주에 성공하여 관련 사업을 수행하였다. 잘한 것도 있고, 부족한 것도 있었다. 고객은 2차 사업에서는 1차 사업에서의 문제가 되풀이되지 않기를 원한다. 그래서 제안사는 1차 사업 수행 시의 문제점을 간략하게 기술하였고, 동일한 실수를 되풀이하지 않기 위한 대안을 제안서에 기술하였다. 아래 사례는 그 내용이다.

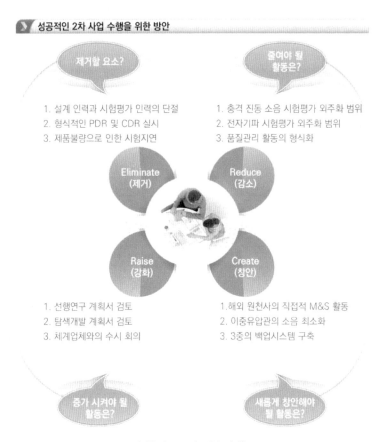

〈레슨런 스토리 작성 사례〉

4.1.2.4.4 가치 제안 작성법

앞의 제안 기획의 4개 커뮤니케이션 전략에서 가격이 약점인 경우엔 가치 제안으로 극복하라고 했다.

여기서는 가치 제안 작성의 구체적인 방법을 살펴본다. 사실 가치 제안 작성기법은 자사 솔루션이 고가여서 약점이 있는 경우에만 효과만점인 기법이 아니다. 경쟁사 대비 가격 경쟁력은 있지만, 고객이 자사 솔루션이 '비싸다'라는 인식이 있고, 가격에 민감하게 반응하는 경우에도 활용하면 좋은 기법이다. 고객에게 자사의 솔루션은 비싸지만, 그 이상의 가치를 줄 수 있다는 확신을 줄 때도 필요한 기법이다.

이 책에서 정의하는 가치 제안이란 **자사의 핵심차별화 솔루션을 통해 고객이 얻는 가치를 정량화하여 매력적으로 제안하는 것을 말한다.** 가치 제안의 핵심은 '정량화'와 '매력적 제안'이다. 이런 의미를 갖고 있는 가치 제안의 사례를 살펴보자.

어느 지방정부의 업무용 관용차 구매건 사례다. 제안사는 해외 브랜드이며, 이 브랜드의 핵심차별적 요소는 경쟁사 대비 연비 효율이 높다는 것이다. 고속도로 주행 기준으로 1리터 24킬로미터다. 경쟁차종의 연비가 1리터 12~3킬로미터이므로 1리터당 무려 10킬로미터를 더 주행할 수 있다는 것이 차별화 요소다. 다만 이 회사의 차종은 경쟁 차종에 비해 1천만 원이 더 비싸다. 가치 제안을 통해 가격의 약점을 극복하려 한다. 어떻게 가치 제안하면 고가인 약점을 극복할 수 있을까? 그 방법은 아래와 같다.

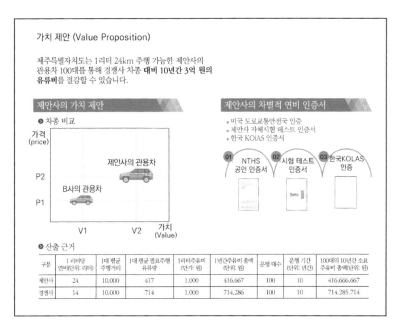

가치 제안 (Value Proposition)

제주특별자치도는 1리터 24km 주행 가능한 제안사의
관용차 100대를 통해 경쟁사 차종 **대비 10년간 3억 원의
유류비**를 절감할 수 있습니다.

제안사의 가치 제안

❶ 차종 비교

가격
(price)

제안사의 관용차

P2

B사의 관용차

P1

V1　　　V2　　가치
(Value)

제안사의 차별적 연비 인증서

* 미국 도로교통안전국 인증
* 제안사 자체시험 테스트 인증서
* 한국 KOIAS 인증서

01 NTHS
공인 인증서

02 시험 테스트
인증서

03 한국KOLAS
인증

❷ 산출 근거

구분	1 리터당 연비(단위: 리터)	1대 평균 주행거리	1대 평균 필요주행 유류량	1리터주유비 (단가: 원)	1년간주유비 총액 (단위: 원)	운행 대수	운행 기간 (단위: 년간)	100대의 10년간 소요 주유비 총액(단위:원)
제안사	24	10,000	417	1,000	416,667	100	10	416,666,667
경쟁사	14	10,000	714	1,000	714,286	100	10	714,285,714

〈가치 제안 작성 사례〉

　자사의 브랜드를 구입할 때는 경쟁사 차종보다 비싸지만, 연비가
우수한 자사 브랜드를 100대 구입하여 10년간 운용 시 3억 원의
유류비 절감이 가능한 것을 증명한 가치 제안 사례다.

　가격 측면에서의 약점은 해당 업종의 선두업체가 지닌 숙명이다.
후발주자는 저가로 시장에 진입하기 때문이다. 따라서 선두업체는
반드시 '비싸다'라는 약점을 극복해야 한다. 몇 년 전에 필자는 국
내 1위 보안 업체의 영업 인력 대상의 강의를 했었다. 교육생들은
첫 시간부터 필자에게 자사 서비스 가격이 너무 비싸서 수주 경쟁
에서 많이 힘들다고 하소연했다. 그 회사는 국내 1위 업체다. 인지
도 높고, 솔루션에 대한 신뢰도와 충성도가 높다. 그러나 경쟁사에

비해 가격이 약점이다. 어떻게 가치 제안하면 좋을까?

평균적인 보안 사고율과 1회 보안 사고 시 발생하는 금전적 손해를 도출하고, 자사와 경쟁사의 보안 사고율을 비교하면 되지 않을까? 자사 솔루션이 경쟁사보다 비싼 것은 사실이지만, 그 비싼 솔루션의 구매를 통해 얻을 수 있는 가치가 더 크다는 것을 보여주면 '비싸다'라는 약점은 더 이상 약점이 아니다. 고객은 싼 제품을 구매하지 않는다. 고객은 비싼 제품도 구매하지 않는다. 고객은 가격 대비 가치 있는 제품을 구매한다. 이 구매의 공식은 500원 하는 볼펜을 살 때도 적용되고, 1억 원 상당의 차를 구매할 때도 적용되고, 몇천억 원 하는 무기체계를 구매할 때도 동일하게 적용된다. 지불하는 가격보다 더 큰 가치를 얻을 수 있다는 확신이 들 때 구매한다.

이 책을 읽는 독자들은 신라면을 비싸게 먹은 경험이 있는가? 해외여행을 한 사람들은 다들 한두 번씩 신라면을 비싸게 구매해서 먹은 경험이 있을 것이다. 10여 년 전에는 스위스 융프라우 정상에서 판매하는 신라면 가격이 1만 원이 넘었다. 지금은 다소 내려서 8,800원 정도에 팔리고 있다고 한다. 국내 신라면 가격에 비하면 터무니없이 비싸다. 그럼에도 신라면을 구매하는 이유는 그만한 가치가 있다고 판단했기 때문이다. 지금은 단속 때문에 불가능하지만, 10여 년 전만 해도 과천 청계산 정상에서는 막걸리와 파전을 판매했다. 가격이 정상가의 4-5배가 넘었다. 그럼에도 필자와 함께 등산한 친구들 중 그 누구 하나 비싸다는 불평하지 않고 구매했다. 그럴만한 가치가 있다고 생각했기 때문이다. 문제는 고객에게 가치 있는 구매라는 확신을 어떻게 해야 줄 수 있는가이다. 핵심은 고객이 얻는 가치를 정량적으로 보여줘야 한다. 필자가 강의 중에 이런 주장을 하면 늘 나오는 반론이 정량화는 불가능하다는 것이다. 독자들은 어떻게 생각하는가? 몇 개의 가정과 단서 조항을 활용한다면 정량화는 불가능하지 않다. 숫자는 강력한 설득의 요소다.

4.1.3 이해하기 쉬운 제안서

왜 이해하기 쉽게 작성해야 하는가? 그 이유는 두 가지다. 첫째, 제안서 평가는 관련 전문가만 참여하여 평가하는 것이 아니라 비전문가 혹은 부문 전문가도 참여하여 제안서를 평가하기 때문이다. 구매 가격이 비싸지 않은 B2C 제품은 주로 개인 혼자서 제품을 평가하고 구매한다. 반면 B2B 혹은 B2G의 경우엔 구매 건이 발생하면 공식적인 구매를 위한 제안서 평가 위원회가 결성되면서, 여러 이해관계자들이 구매를 위한 제안서 평가에 참여한다. 이때 비전문가 혹은 부문 전문가도 제안서 평가에 참여하여 자신의 전공 분야가 아닌 평가항목에 대해서도 의무적으로 평가를 할 수밖에 없다. 특히 첨단 기술과 관련한 제안서 평가에는 비전문가와 부문 전문가의 비율이 더 높다고 보는 게 타당하다.

예를 들어서 차세대 전투기 사업 제안서 평가를 살펴보자. 전투기는 전기와 전자, 전파, 기계, 재료 공학 등이 정립한 최첨단 기술을 활용하여 개발하는 무기체계다. 그런데 제안서 평가자 그룹은 기술에 대한 전문성이 많은 국과연 박사들로만 참여하는 것이 아니라 기술에 대한 비전문가 혹은 부문 전문가인 방위사업청, 소요군, 기품원, 외부 교수집단 등도 참여한다.

이해하기 쉬운 제안서를 작성해야 하는 두 번째 이유는 제안서 평가 시간이 짧기 때문이다. 그래서 소설 혹은 논문 읽는 것처럼 처음부터 끝까지 자세하게 제안서를 읽고 평가할 수 없다. 민간의 경우엔 제안서 평가에 지대한 영향력을 행사하는 직급이 높은 의사 결정권자들은 늘 바쁜 사람들이다. 제안서를 꼼꼼히 읽을 시간적 여유가 없는 사람들이다. 공공의 경우엔 공정성과 객관성 때문에 발주처 내부가 아닌 외부 평가자 그룹을 이용하거나, 조달 평가 패키지를 활용하는데, 이들에게 충분한 시간을 주고 있지 않다. 특히나 경쟁이 치열하여 많은 업체가 입찰에 참여하게 되면 평가자 그룹이 읽어야 할 제안서 분량은 더 많아진다. 이렇게 제안서 평가 시간이 짧으면 관련 분야 전문가라고 해도 제안서 평가를 쉽게 할 수 없다. 시간에 쫓기면서 평가할 수밖에 없다. 왜 제안서를 쉽게 써야 하는지 알 수 있는 대목이다.

어떻게 해야 방대한 분량의 제안서를 시간에 쫓기면서 평가하는 평가자 집단이 자사 제안서를 쉽게 이해하도록 돕고, 그래서 자사 제안서에 좋은 점수를 주게 할 수 있을까? 구체적인 내용은 다음과 같다.

- 피라미드 구조로 글 쓰기
- 고객 관점의 작성
- 간결하고 명확한 글쓰기
- 수치를 다루기

하나씩 구체적인 방법을 살펴보자.

4.1.3.1 피라미드 구조로 글쓰기

비즈니스 글쓰기 관련 책에서 늘 빠지지 않고 등장하는 단어가 피라미드 구조다. 왜 그런가? 문서의 내용을 쉽게 그리고 신속하게 파악할 수 있기 때문이다. 왜 이 구조로 제안서를 작성하면 쉽게 그리고 신속하게 내용을 파악할 수 있는가? 첫째, 글의 핵심주장이 먼저 나오고 이것을 뒷받침하는 복수의 하위 주장이 뒤에서 나오고, 또 복수의 하위 주장을 뒷받침하는 세부 내용이 그 뒤에 나오기 때문이다. 즉, 최상위 레벨 1은 레벨 2를 요약하고, 레벨 2는 레벨 3을 요약하는 구조기 때문에 쉽게 그리고 신속하게 글 내용을 이해할 수 있다는 뜻이다. 두 번째 이유는 글의 핵심주장(결론)을 뒷받침하는 하위 내용이 이해하기 쉽게 범주화되어 있기 때문이다. 첫 번째 원리를 반영한 것을 '수직적 계열화' 글쓰기라고 하며, 두 번째 원리를 반영한 글쓰기를 '수평적 계열화' 글쓰기라고 부른다.

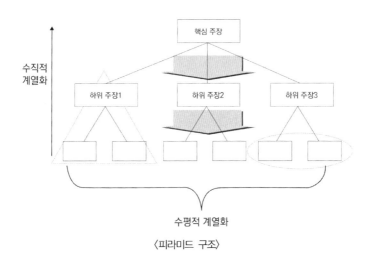

〈피라미드 구조〉

4.1.3.1.1 수직적 계열화 글쓰기

수직적 계열화 글쓰기를 할 때는 두 가지를 고려한다. 하나는 상위 레벨은 하위를 요약하며, 하위 레벨은 상위를 뒷받침한다는 사실을 고려한다. 두 번째는 하위 내용이 2개 이상의 복수로 구성되어 있다면 그것을 요약하는 상위 레벨의 요약 장표를 반드시 작성해야 한다는 점이다. 이 두 가지 사항을 고려한 글쓰기는 모든 비즈니스 문서 작성의 기본이지만, 제안서에선 특히 더 중요하다. 왜냐하면, 제안서를 읽는 평가자들은 방대한 분량의 제안서를 짧은 시간에 읽으면서 비교 평가하여 점수까지 매겨야 하기 때문이다. 하위 내용을 요약한 요약 장표가 있으면 평가자들은 제안서 전체 내용을 쉽게 이해할 수 있을 뿐만 아니라 하위 내용을 꼼꼼하게 살펴보지 않고도 요약 장표만을 보고도 평가를 끝낼 수 있기 때문에 좋다.

하위 내용을 요약하는 방식은 크게 단순 요약 방식과 통찰적 요약으로 구별할 수 있다. 단순 요약 방식은 말 그대로 하위 내용을 핵심 단어 위주로 축약한 것으로 글자 수를 기계적으로 줄인 요약을 말한다. 즉, 단순 요약은 하위 내용이 어떻게 구성되어 있는지 안내해 주는 역할을 수행한다. 영어로는 Summary다. 반면, 통찰적 요약은 하위 내용들을 통해 얻은 새로운 아이디어를 기록한 것을 말한다.

영어로는 Synthesis이다. 단순 요약인 Summary와 통찰적 요약인 Synthesis는 비슷한 것 같지만 크게 다르다. 예를 들어보자.

어느 문제가 많은 집안의 사례다. 이 집에서 근래에 벌어진 일들을 정리하면 다음과 같다.

· 아내는 1년 전 가출을 해서 전혀 연락이 되지 않는다
· 중학생 아들은 학교에서 평균적으로 매달 1회씩 친구와 다투고 있다
· 고등학생 딸은 1달 전 학교에서 담배를 피우다가 적발되어 반성문을 오늘 썼다
· 나는 매일같이 술을 먹고 있다.

이런 일들을 단순 요약한다면 글자 수만 줄이면 된다.

· 아내의 1년 전 가출
· 중학생 아들의 매달 1회씩 친구와의 싸움
· 고등학생 딸의 흡연과 반성문
· 나의 혼술

그런데 통찰적 요약을 한다면 한마디로 말해 '집안이 개판이군. 개선이 필요해!'라고 할 수 있다. 즉 이런 요약은 하위 내용에는 나와있지 않은 새로운 내용이며, 미래의 개선 방향이 반영된 요약이다.

단순요약(Summary)		통찰요약(Synthesis)
• 아내는 가출 • 아들은 매월 1회 친구와 싸움 • 딸은 정학 중 • 나는 매일 혼술	vs	• '집안 개판이네'

· 아내는 5년 전에 가출했다.
· 중학생 아들은 학교에서 평균적으로 매월 1회씩 친구와 싸운다.
· 고등학생 딸은 담배를 피우다 적발되어서 1달 정학 중이다.
· 나는 집안 분위기가 개판이어서 매일 혼자서 술을 먹고 간다.

〈단순 요약과 통찰 요약 사례 1-어느 집안 사례〉

○○○○

이기는 제안서 개발

또 하나의 사례를 살펴보자. 무기체계 제안서 상의 개발목표 및 추진전략 섹션의 요약 장표 개발사례다. 하위 내용을 단순 요약하면 말 그대로 글자 수만 줄이면 된다. 그러나 통찰적 요약을 하면, 하위 내용 분석을 통해 본 사업이 성공하기 위해 반드시 고려해야 할 핵심 성공 요소와 그런 성공 요소가 반영된 개발목표와 추진전략이 기술되어야 한다.

단순요약(Summary)　　　　**통찰요약(Synthesis)**

- **RFP** 요구 사항　　　**vs**　　- 본 사업의 핵심적 **CSF**
- 평가항목상의 요구사항　　　　　　- **CSF**를 고려한 사업의 핵심 목표
- 비공식적 요구사항　　　　　　- 핵심목표 달성을 위한 제안 전략

- **RFP** 요구 사항 **00**건
- 평가항목 **00**건
- 비공식적(핵심 키맨의 요구사항) 요구 사항
- 사업의 배경과 목적

〈단순 요약과 통찰 요약 사례 2-무기체계 사업〉

우리는 위에서 단순 요약과 통찰 요약의 차이를 살펴보았다. 제안서에서는 둘 중 어느 것을 주로 사용하는 것이 좋은가? 눈치 빠른 독자는 알고 있듯이 둘 모두 적절하게 골고루 사용하는 것이 좋다. 단순 요약의 장점은 방대한 하위 내용을 쉽게 예측하도록 안내한다는 점이다. 통찰 요약의 장점은 팩트와 현상 너머의 유의미한 시사점과 본질을 이해하도록 안내한다는 점이다. 경영상의 신속한 의사결정을 내려야 하는 경영 전략 보고서의 경우에는 관련한 여러 데이터와 팩트를 통해 경영 성과를 창출하기 위해선 무엇을 어떻게 해야 하는지 결론이 담긴 통찰 요약이 보고서에 담겨야 한다. 이런

보고서가 좋은 보고서다. 반면 제안서는 경영 보고서와는 그 목적과 성격 그리고 문서를 읽는 평가자의 역할이 많이 다르다. 좋은 제안서는 평가자들이 모든 평가항목에 경쟁사 대비 높은 점수를 부여하도록 기술되어 있다. 특히 좋은 제안서는 짧은 시간에 방대한 분량의 제안서를 손쉽게 평가하도록 도움을 주도록 구성되어 있다.

이런 이유 때문에 제안서에서는 하위 내용이 어떻게 구성되어 있는지 안내하는 단순 요약도 통찰 요약 못지않게 중요하다. 하위 내용이 어떻게 구성되어 있는지 친절하게 안내해 주지 않으면 이해하기가 쉽지 않기 때문이다. 사례를 보자.

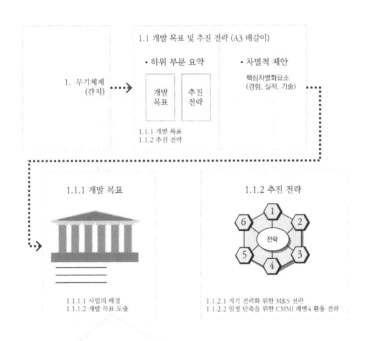

〈하위 내용을 쉽게 예측하도록 도와주는 단순 요약의 사례〉

위 사례를 보면 1.1 개발목표 및 추진전략 섹션은 하위 내용인 1.1.1 개발목표와 1.1.2 추진전략을 단순 요약한 내용과 해당 섹션에서 고객이 요구한 사항의 분석을 통해 얻은 통찰력을 기반으로 경쟁사 대비 차별적 제안을 기술한 통찰 요약이 A3 배갈이 템플릿에 기술되어 있다. 즉 이 사례는 평가자의 평가 편의를 위한 단순 요약과 RFP 요구사항 분석을 통해 얻은 통찰 요약이 함께 기술된 사례다.

4.1.3.1.2 수평적 계열화 글쓰기

피라미드 구조 글쓰기의 두 번째 조건은 핵심주장을 뒷받침하는 하위 내용을 평가자가 쉽게 이해할 수 있도록 범주화하는 것이다. 범주화가 왜 중요한가? 인간의 뇌는 한번 입력하면 반드시 기억하는 컴퓨터가 아니기 때문이다. 제안서 내용이 적당한 숫자로 범주화되지 않으면 평가자는 관련 내용을 도저히 이해할 수도 없고 기억할 수도 없다. 따라서 좋은 점수를 받을 수 없다. 범주화를 잘하기 위해선 두 가지를 반드시 고려해야 한다. 첫째, MECE를 고려하여 범주화한다. MECE는 Mutually Exclusive Collectively Exhaustive의 약자로서 중복과 누락이 없는 전체를 의미한다. 이런 의미의 MECE는 크게 전체 집합을 완전히 요소 분해할 수 있는 경우와 완벽하지는 않지만 크게 요소 분해할 수 있는 것으로 구별된다. 완전히 요소 분해할 수 있는 MECE는 성별의 남자와 여자, 시간의 과거, 현재, 미래, 지역의 국내와 국외, 가위바위보를 예로 들 수 있다. 즉 이런 MECE는 모든 사람들이 동의한다.

- 성별(남/여)
- 시간(과거/현재/미래)
- 지역/공간(국내/해외, 사내/사외)
- 가위바위보

완벽하게 요소 분해할 수 없어서 보는 사람에 따라 의견이 다를 수 있는 MECE의 예시로는 다음과 같다.

〈MECE 사례〉

이런 MECE는 보는 사람에 따라서 동의 안 할 수도 있다. 왜냐하면, 절대적인 기준이 아니라 모형 개발자의 주관적인 판단에 기초하기 때문이다. 그래서 이런 MECE를 활용할 경우엔 문서를 읽는 독자의 주관적인 MECE를 확인하고 그것에 기초해서 문서를 작성하는 것이 중요하다. 만약 독자의 머릿속 MECE와 전혀 다른 관점의 MECE가 제시되면 설득에 실패한다. 제안서의 경우엔 고객이 발행한 제안요청서를 보면 고객이 정의한 MECE를 알 수 있다. 만약 제안요청서가 발행되지 않은 사업의 경우엔 고객과 미팅 그리고 고객사에서 주로 사용하는 독특한 사고 유형과 패턴 분석을 통해

○○○○

이기는 제안서 개발

MECE를 결정해야 한다.

수평적 글쓰기 즉 범주화의 두 번째 조건은 범주화의 숫자는 3개에서 7개 이내여야 한다는 것이다. 가장 이상적인 숫자는 3개이지만 불가피하게 더 사용해야 한다면 7개는 넘지 않는 게 좋다. 7개는 미국 심리학자가 연구한 결과 인간이 단기간에 기억할 수 있는 숫자가 7개라고 한다. 아래의 예시를 살펴보면 왜 범주화해야 하는지 알 수 있을 것이다. 만약 아래 예시처럼 범주화하지 않는다면 제안서 평가자의 머릿속에서 정보의 폭탄을 날리는 것과 같다. 인간은 누구나 '인지적 구두쇠'다. 쉽게 말해서 머리 쓰는 것을 싫어한다는 뜻이다. 따라서 우리는 평가자가 가급적 머리를 덜 쓰도록 도와줘야 한다.

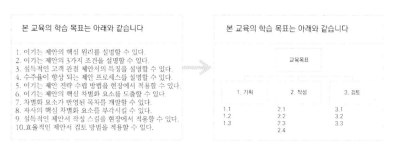

〈범주화 사례〉

위의 사례는 필자가 진행하는 교육과정의 학습 목표다. 왼쪽처럼 10개를 나열하면 청중은 이해하기 어렵다. 그러나 오른쪽 예시처럼 3개로 범주화하고, 10개의 학습 목표를 하위로 배치하면 훨씬 이해하기 쉽다.

4.1.3.2 고객 관점에서 작성

이해하기 쉬운 제안서 작성을 위한 두 번째 조건은 판매자의 관점이 아닌 제안서를 평가하는 고객 관점에서 작성해야 한다는 것이다. 이는 추상적 슬로건이 아닌 좋은 점수를 받기 위한 실천적 지침이다. 세부 지침은 다음과 같다.

- 고객이 사용하는 용어를 사용하라
- 제안요청서에서 요구한 템플릿(표, 도형)을 사용하라
- 적정하게 도식화하라
- 그림 설명문을 사용하라

4.1.3.2.1 고객이 사용하는 용어를 사용하라

고객은 자신만의 고유한 언어체계가 존재한다. 고객이 속한 분야의 특이성이 반영된 것으로서, 그 분야에 속해 있어야만 이해할 수 있는 독특한 용어가 존재한다. 비속어여서 상식적이지 않다든가 하는 특별한 이유가 없는 한 고객이 사용하는 용어를 그대로 사용하는 것이 좋다. 예를 들면 영업 분야는 내근 업무와 외근 업무로 구분되는바, 고객을 만나거나, 시장 조사를 하는 활동을 '필드 활동'이라고 부른다. 그리고 본사 영업직원이 대리점주에게 물량을 일방적으로 공급하는 것을 '밀어내기'라고 부른다. 그리고 B2B와 B2G에서는 영업사원들을 직급의 높음과 낮음에 상관없이 '영업 대표'라고 부른다. 무기체계 개발 사업에서는 시스템 공학을 'SE'라는 약칭으로 부르고, 무기체계의 스펙을 'ROC'라고 부르며, 과업의 범위를 'WBS'라고 부른다. 그 분야의 경험이 없으면 전혀 이해할

수 없는 용어들을 사용하고 있다. 이렇게 일반인들은 쉽게 이해하기 힘든 고유한 용어가 존재한다. 그런 용어를 사용하는 것이 좋다는 뜻이다.

대체로 고객이 사용하는 독특한 용어는 제안요청서에 나오므로 그 내용을 참조하면 좋다.

가장 문제가 되는 상황은 고객이 잘 이해하지 못하는 판매자의 전문용어를 사용하는 경우다. 가장 최악이다. 고객은 자신이 이해하지 못하는 솔루션에 대해서 우호적인 점수를 주지 않기 때문이다. 예를 들어보자. 필자가 독자들에게 '회사 조직이 지속 가능한 성장을 위해서는 HRD와 OD에 투자해야 한다'라고 말하면 필자의 주장에 동의하겠는가? 무슨 말인지 알아야 동의하든 반대하든 할 텐데, 도무지 무슨 말인지 몰라서 짜증만 나지 않는가? 이번에는 이렇게 말해 보겠다. '회사 조직이 발전하기 위해서는 교육 훈련과 조직 활성화에 투자해야 한다.' 어떤가? 크게 다르지 않은가?

어느 신문사의 기사 작성 매뉴얼을 보니까 성인 독자를 대상으로 하는 신문 기사는 중학교 3학년이 이해할 수 있도록 작성해야 한다는 지침이 있었다. 제안서에도 그대로 적용된다. 고객이 사용하는 독특한 용어가 있다면 그 용어를 그대로 사용하고, 그 외의 용어는 중학교 3학년도 이해할 수 있는 상식적인 용어를 사용하는 것이 중요하다.

'고객이 사용하는 용어를 사용하라'라는 지침은 결코 이해하기 어렵거나 실천하기 힘든 지침이 아니다. 그럼에도 이 지침은 제안 현장에서는 쉽게 간과되고 있다. 그 이유는 간단하다. 고객 관점이 아닌 판매자 관점에서 제안서를 작성하기 때문이다. 관점이란 사건과 사물을 바라보는 태도를 뜻한다. '나'의 관점이 아닌 '당신'의 관점에서 바라보면 대인 관계상의 대다수 갈등이 해결되듯이, 제안서도 판매자의 관점이 아닌 고객 관점이 필요하다. 그들의 눈높이에서 제안 프로젝트를 바라봐야 한다.

4.1.3.2.2 제안요청서에서 요구한 템플릿 (표, 도형)을 사용하라

공공기관에서 발행한 제안요청서에는 제안서 작성 시 요구하는 서식이 존재한다. 자본금 및 매출 현황, 일반현황, 주요 사업 실적, 참여 인력 구성 및 투입 기간 등이 그것이다. 그것을 그대로 사용해야 한다.

민간기업에서 발행한 제안요청서에는 공공기관과 달리 자세한 양식이 없는 경우가 많다. 이런 경우엔 어떻게 해야 하는가? 평상시 고객 조직을 자주 만나고, 문서를 주고받았다면 그 조직만의 독특한 템플릿과 양식을 접했을 것이다. 그것을 그대로 사용하는 것이 중요하다.

4.1.3.2.3 적정하게 도식화하라

도식화의 사전적 정의는 사물의 구조, 관계, 변화 상태 따위를 그림이나 양식으로 만드는 것을 말한다.

○ ○ ○ ○
이기는 제안서 개발

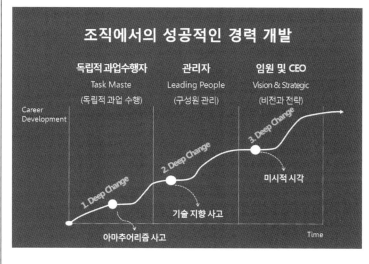

〈도식화 사례〉

제안서에서의 도식화도 크게 다르지 않다. 제안서에서의 도식화란 평가자가 제안 내용을 짧은 시간에 직관적으로 이해할 수 있도록 도와주기 위해 관련 정보를 그림의 형태로 표현하는 것을 말한다.

아래의 사례를 보면 쉽게 이해할 수 있다. 왼쪽은 오직 텍스트 정보로 구성되어 있다. 반면 오른쪽은 소수의 단어만 사용하고 있으며, 단어 간의 논리적 관계를 선과 점으로 표시하고 있다.

국내의 제안서 평가 시간은 제안서 분량 대비 짧은 편이다. 그래서 짧은 시간에 평가자가 직관적으로 이해할 수 있도록 작성하는 것이 중요하다. 이를 위해 텍스트 정보의 적정한 도식화는 필수다. 그렇다면, 어떻게 도식화해야 하는가? 3단계로 도식화한다.

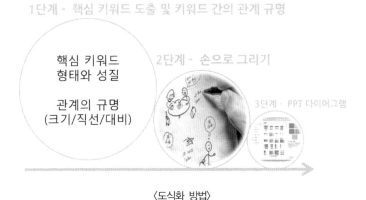

〈도식화 방법〉

1단계는 텍스트 정보를 분석하여 핵심 키워드를 규명하고, 핵심 키워드를 가장 잘 표현하는 형태와 성질을 분석하여 핵심 키워드 간의 관계를 규명하는 작업이다.

- 위계질서를 갖추고 있는가?(큰 개념과 작은 개념)
- 직선적 흐름인가? 순환적 흐름인가?
- 대비되는 관계인가?
- 장단점 비교인가?

2단계는 직접 손으로 그리는 단계다. 파워포인트 상의 그림 도구를 활용하기에 앞서서, 손과 펜으로 스케치하는 것이 좋다. 왜냐하면, 머릿속 아이디어들은 아주 짧은 시간에 생성되었다가 사라지기 때문에 그렇다. 파워포인트 상의 그림 도구를 열고, 그리다 보면 어느 순간 좋은 아이디어는 사라지기 때문이다. 생각해보면 컴퓨터라는 도구는 종종 우리의 깊은 사고를 방해하고 사람을 바보로 만들기도 한다. 편리하고 유용한 도구임에는 분명하지만, 그 것 또한 절제하며 활용할 필요가 있는 것이다.

마지막 3단계는 파워포인트의 다이어그램 도구를 활용하는 것이다. 파워포인트에는 다양한 형태의 다이어그램이 존재한다. 손으로 직접 그린 도식화 패턴과 가장 유사한 형태를 선택하면 된다.

앞서 얘기한 것처럼 도식화는 짧은 시간에 제안서를 쉽게 평가하는 데 큰 도움을 주기 때문에 적절하게 활용할 필요가 있다. 그런데 우리가 주의해야 할 것은 '적정하게' 도식화해야 한다는 점이다. 과도한 도식화는 오히려 이해하기 힘들다. 작성자가 개발한 도식화가 적정하게 개발되었는가 그렇지 않은가는 어떻게 판단하면 좋을까? 10초의 법칙을 생각하자. 10초 안에 이 그림이 무엇을 의미하

171

는지 이해가 되어야 한다. 현재 한국 제안서 그림의 대부분은 10초의 법칙을 위배하고 있다. 문제가 많다. 적정하게 도식화해야 한다.

4.1.3.2.4 그림 설명문을 사용하라

전문적인 그림에는 그림 설명문을 사용해야 한다. 그림 설명문이란 비전문가 혹은 부문 전문가의 이해를 돕는 도구로서 관련 그림이 어떤 내용을 담고 있는지 친절하게 안내해 주는 텍스트다. 한국은 세계에서 대표적인 저신뢰 국가다. 서로가 서로를 믿지 못하는 사회 중 하나다. 특히 공공 서비스에 대한 신뢰는 최악에 가깝다. 그러다 보니 공정한 평가에 대한 이슈가 강한 사회다. 이렇게 공정한 평가에 대한 이슈가 강하다 보니까 역설적으로 평가의 질이 낮아지는 부작용이 발생한다. 평가의 시간을 충분히 주지 않고 있으며, 해당 프로젝트의 정통한 전문가보다는 부문 전문가를 평가위원으로 선정하는 경우가 많다. 예를 들어서 최첨단 레이더를 만드는 사업에서는 이 사업을 준비하고 제안요청서를 만든 부서의 전문가가 해당 분야의 정통한 전문가라고 할 수 있다. 그러나 이 부서의 전문가가 참여하면 공정성과 객관성을 훼손할 수 있다는 불신 때문에 다른 부서의 전문가들이 평가자로 선발된다. 그러다 보니 평가 전문성이 많이 떨어질 수밖에 없다. 그래서 전문적인 그림에는 반드시 그림 설명문을 사용해서 비전문가 혹은 부문 전문가들이 쉽게 이해할 수 있도록 도와줘야 한다. 제안 경험이 많은 어느 제안 전문가가 이런 말을 했다. "제안서는 중학교 3학년 족집게 과외 하듯이 가르친다는 자세로 써야 한다." 필자는 이 전문가의 말에 전적으로 동의한다. 아래의 예시를 살펴보자.

M&S 단계	3차원 V&V 모델링 적용
1단계 요구분석	운용개념 분석도구
2단계 상세 분석	설계 상용도구
3단계 상세 적용	수치해석 & Simulation 도구
4단계 M&S 적용	수치해석 결과 시뮬레이션 시각화 도구

무결점 적용을 위한 3차원 V&V 모델링 적용. 무결점 적용을 위해 제안사는 설계단계부터 20년간 축적된 3차원 V&V 모델링기법으로 M&S를 수행합니다.

그림 설명문

〈손쉽게 이해하도록 도와주는 그림 설명문〉

위 그림은 전문적 지식이 없으면 이해하기 힘든 내용이다. 이렇게 전문적인 그림에는 하단에 그림 설명문을 사용해서 전달하면 이해가 수월해진다. 그림 설명문은 최첨단 기술을 다루는 제안 프로젝트일수록 차별적인 도구가 된다. 사람은 본능적으로 자신이 이해하지 못하는 것에 대해선 불신한다.

4.1.3.3 간결하고 명확한 글쓰기

프랑스 철학자이자 소설가인 사르트르는 언어는 크게 '사물의 언어'와 '도구의 언어' 두 가지 종류로 구별된다고 말했다. '사물의 언어'는 어떤 특정한 목적이 없이 언어 그 자체를 온전히 드러내는 글을 의미하고, '도구의 언어'는 어떤 목적을 달성하기 위해 존재하는 글을 의미한다. 이렇게 사르트르식으로 글을 구별한다면 제안서는 어느 쪽에 해당될까? 당연히 '도구의 언어'다. 치열한 수주 경쟁에서 이기기 위해 쓰는 글이 제안서다. 비즈니스 글 중에서 제안서

173

만큼 목적이 분명한 글도 없을 것이다. 이렇게 목적이 분명한 글을 잘 쓰기 위해선 무엇이 필요할까?

기자 출신의 언어학자인 고종석 선생은 자신의 트위터에서 좋은 글은 두 가지 조건을 갖추고 있다고 말했다. 수사학의 아름다움과 논리학의 명확함이 그것이다. 만약 둘 중의 하나를 포기해야 한다면 수사학을 포기하라고 말한다. 독자가 존재하는 글이라면 소통이 중요하기 때문이다. 제안서는 고객이라는 독자가 존재하며, 이들은 짧은 시간에 많은 분량의 제안서를 평가해야 한다. 따라서 고객을 설득하기 위해 간결하고 명확하게 쓰는 것이 중요하다. 몇 가지 원칙을 살펴보자.

4.1.3.3.1 마침표를 빨리 찍어라

문장은 크게 주어와 서술어로 구성된다. 1 주어, 1 서술어로 구성된 문장이 곧 단문이다. 1 주어와 2개 이상의 서술어로 구성된 문장이 복문이다. 어떤 문장이 이해하기 쉬운가? 당연히 단문이다. 예를 들어보자. '나는 창원으로 출장 갔다. 창원에서 제안 컨설팅을 수행 중이다.' 2개의 단문으로 구성된 문장이다. 두 개의 마침표를 사용했다. 간결해서 이해가 쉽다. 반면 이렇게 사용해 보자. '나는 창원으로 출장 갔으며, 창원에서 제안 컨설팅을 수행 중이다.' 이 문장은 복문이다. 1개의 주어와 2개 이상의 서술어로 구성되어 있기 때문이다. 제안서에서는 이런 복문을 사용하지 않는 것이 좋다. 그렇다면, 복문을 단문으로 바꾸는 가장 좋은 방법을 뭘까? 마침표를 빨리 찍으면 된다. 그 예가 아래와 나와 있다.

〈복문과 단문 예시〉

복문	단문
• 오늘 저는 이기는 제안의 조건에 대해서 강의할 것인데, 그것은 크게 3가지 조건으로 설명할 수 있으며, 첫째, 고객 이슈의 명확한 규명이 필요하며, 둘째, 고객의 핵심이슈를 해결해 줄 수 있는 경쟁사는 없고 우리만 갖고 있는 차별적 솔루션을 규명하고, 셋째, 고객이 이해하기 쉽고 평가하기 쉽게 제안서를 작성하는 것입니다.	• 오늘 저는 이기는 제안의 조건에 대해서 강의할 것입니다. • 그것은 크게 3가지 조건으로 설명할 수 있습니다. • 첫째, 고객 이슈의 명확한 규명이 필요합니다. • 둘째, 고객의 핵심이슈를 해결해 줄 수 있는 경쟁사는 없고 우리만 갖고 있는 차별적 솔루션을 규명해야 합니다. • 셋째, 고객이 이해하기 쉽고 평가하기 쉽게 제안서를 작성하는 것입니다.

4.1.3.3.2 이해가 쉬운 단어를 사용해라

이해가 쉬운 단어를 사용해야 한다. 특정 분야의 전문 용어(Jargon)를 남발해서는 안 된다. 어느 신문사의 기사 작성 매뉴얼 규칙을 보면 기사는 중학교 3학년이 이해할 수 있는 수준이어야 한다는 규칙을 본 적이 있다. 제안서도 마찬가지다. 특히나 고객 조직 내부가 아닌 외부에서 초빙된 외부 평가자가 평가위원으로 선정된 경우엔 더 중요하다. 어쩔 수 없이 전문용어를 사용한다면, 그 용어에 대한 세부 설명이 필요하다. 예를 들어보자. '000회사의 지속 가능한 경쟁우위를 위해 제안사는 3단계의 HRD와 OD 체계를 제안합니다' 무슨 말인지 쉽게 이해되는가? HRD와 OD라는 단어 때문에 이해가 쉽지 않다. HRD는 Human Resources Development, 즉 인적 자원개발을 의미하고, OD는 Organization Development 즉 조직개발을 의미한다. 영어 약어가 아닌 한국어인 인적 자원개발, 조직개발이라는 단어도 비전문가들에게는 낯선 단어다. 이렇게 표현해 보자.

'000회사의 지속 가능한 경쟁우위를 위해 제안사는 3단계의 교육 체계와 구성원 상호 간의 팀워크 증진 위한 조직 활성화 체계를 제 안합니다' 훨씬 이해가 쉽다.

제안서 2차 안 작성

제안서 초안이 작성자와 제안 **PM** 혹은 **PL**(섹션 리더) 간의 작성 방향과 스토리 라인에 대한 의사소통에 초점을 두고 있다면, 제안서 2차 안은 제안서 본문의 세부 내용을 작성하여 완성도를 높이는 것에 초점을 두어야 한다. 제안서 초안 작업이 제안 내용의 논리적 전개를 스케치하는 것이라면, 제안서 2차 안은 제안 내용의 완성도를 높이는 작업이다. 따라서, 2차 안은 **RFP** 요구사항을 빠짐없이 다뤄야 하며, 주장에 대한 정확하고 타당한 이유와 근거가 제시되어야 한다.

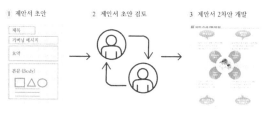

〈제안서 2차 안 개발〉

요약본 작성

고객은 왜 요약본을 요구하는가? 짧은 시간에 방대한 분량의 제안서를 평가할 시간이 부족하기 때문에 요약본을 요청한다. 따라서, 요약본은 철저하게 평가자의 관점에서 평가가 손쉽게 평가할 수 있도록 개발해야 한다. 요약본의 목차는 어떻게 개발하는가? RFP에서 요약본과 관련한 구체적인 지침이 있다면, 그것을 반드시 준수해야 한다. 그러나, 구체적인 지침이 없다면 사업의 특성, 평가환경(평가자의 연령층, 취향, 평가 시간), 경쟁환경(열위/우위)을 고려하여 아래의 4가지 방법 중 최적의 방안을 선택해야 한다.

첫째, 제안서 본문과 동일하게 하는 목차를 구성하는 방법을 살펴보자.

제안서 본문의 목차와 동일하게 요약본의 목차를 도출하는 방식이다. 즉, 본문의 내용을 압축하여 적은 수의 문장과 글자 그리고 그림으로 구성하는 방식이다. 앞에서 우리는 이해가 쉬운 제안서 작성을 위해서는 반드시 제안서의 구조는 피라미드 구조여야 되며, 피라미드 구조는 수직적 계열화와 수평적 계열화를 의미한다고 하였다. 또 수직적 계열화의 핵심 요체는 하위 내용의 요약이라는 것도 살펴보았다. 이렇게 피라미드 구조를 취하면서 하위 내용을 요약하였다면, 그 요약한 내용들을 그대로 모으면 요약본이 완성된다. 따라서 이 방식은 나머지 방식과 비교하면 제안서 작성자의 수고가 가장 적게 들어가는 방식이다.

〈요약본의 목차 개발 종류〉

둘째, 평가항목 위주로 요약본의 목차를 구성하는 방법을 살펴보자. 제안 현장에서 가장 많이 사용하는 방법이고 가장 바람직한 방식이다. 왜냐하면, 짧은 시간에 많은 분량의 제안서를 평가해서 평가 템플릿에 점수를 기입해야 하기 때문에, 소설과 논문 읽듯이 처음부터 끝까지 다 읽으면서 평가하지 않는다. 평가항목 위주로 발췌해서 평가를 한다. 따라서 요약본 목차를 평가항목 위주로 구성한다면 평가자들이 손쉽게 평가할 수 있을 것이다. 이때 각 평가항목별 내용 구성은 아래의 템플릿을 참고하면 좋다. A3 배갈이 템플릿 형태로 해서 왼쪽 상단에는 평가항목을 언급하고, 우측에는 텍스트 형태로 답을 기술한다. 그리고 하단에는 텍스트를 뒷받침하는 이유와 근거를 간결한 도식화 형태로 기술하면 된다.

세 번째 방식은 핵심이슈 중심으로 목차를 도출하는 방식이다. 사전 영업을 통해 확보한 고객의 핵심이슈와 각 이슈의 비중 중심으로 목차를 도출하는 방식이다. 대체로 제안요청서를 발행하지 않는 소규모의 구매 건에서 자주 활용하는 방식이다. 발주 규모가 크지 않고, 요구조건도 많지 않아서 고객이 **RFP**를 발행하지 않고 구두로 요구조건을 언급하는 경우에 사용하면 좋은 방법이다.

네 번째 방식은 일반적 논리 전개형이다. 이 방식은 제안 **PT**의 목차를 개발할 때 가장 많이 사용하는 방식이기도 하다. 즉, 요약본

〈평가항목 위주의 요약본 템플릿〉

과 PT의 목차가 동일한 것이다. 이 방식의 장점은 PT 내용을 부각시킬 수 있다는 점이다. 반면 약점은 평가항목별 목차가 아니므로 평가자들은 평가항목별 내용을 본문에서 찾아서 평가해야 하기 때문에 불편하다.

5

제안서 개발: 검토 및 수정

검토 및 수정이 왜 중요한가?

검토는 중요하다. 제안서 개발의 방향과 품질이 검토에서 결정되기 때문이다. 아무리 제안서를 잘 작성했다고 해도 검토가 부실하면 이기기 어렵다. 고객의 핵심이슈에 대한 잘못된 분석과 잘못된 솔루션의 제시, 잘못된 목차의 도출, 잘못된 문장과 비문을 수정하지 않고 이긴다는 것은 불가능에 가깝다. 제출 전에 검토하고 수정해야 한다. 어떻게 검토해야 하는가?

검토가 중요한 두 번째 이유는 불필요한 시간 낭비 없이 효율적으로 제안서를 작성하는 데 필요하기 때문이다. 아주 규모가 작은 사업이 아니면 거의 대부분의 제안서는 작성자와 검토자가 다르며, 내부 검토자에게 검토를 받은 후 고객에게 제출하는 절차를 거친다. 이때 작성자와 검토자의 관점이 동일하면 제안서 작성의 효율성 측면에서는 큰 문제가 발생하지 않는다. 문제는 양 주체 간의 관점이 크게 다를 때 발생한다. 그 관점의 차이를 제안서 막판에 확인하는 것만큼 난감한 것은 없다. 제출 시간은 다가오고, 고쳐야 할 내용이 많으면 갈등은 최고조에 다다른다. 그리고 검토자가 검토를 했는데, 너무 추상적이어서 무엇을 어떻게 개선해야 할지 난감하기만 하다면 이 또한 갈등만 증폭시킬 뿐이다. 불필요한 시간 낭비와 불필요한 갈등을 최소화하기 위해선 어떻게 해야 하는가?

○ ○ ○ ○

검토의 기본 원칙

검토의 기본 원칙은 크게 2가지다. 하나는 자주 해야 한다는 것이고, 두 번째는 구체적이어야 한다는 것이다.

5.2.1 자주 검토하라

자주 하면 작성자와 검토자의 관점이 막판에 확인되어서 나타나는 불필요한 갈등을 최소화할 수 있다. 자주 만나서 얘기를 나누면 서로 간의 다른 관점에 대한 이해의 폭이 넓어지고, 다른 사람의 관점을 반영할 시간적 여유가 있기 때문에 좋다. 가장 최악은 제출 2-3일 전에 하는 검토다. 교육 중에 만나는 교육생들에게 물어보면 이렇게 막판에 검토를 하는 회사가 많았다. 그런 회사는 제안 인력의 퇴사율이 매우 높다는 공통점이 있다. 이유는 불 보듯 뻔하다. 제안서 초반에 검토를 받는 것과 달리 제출일을 얼마 남겨 두지 않고 받는 검토는 작성자 입장에서는 굉장한 스트레스다. 수정해야 할 내용은 많으나 시간은 부족하기 때문이다. 철야 및 밤샘 작업

없이는 제출일을 맞출 수 없다. 그러다 보면 갈등이 폭발할 수밖에 없다. 자 그렇다면 얼마나 자주 만나야 하고, 언제부터 만나야 할까? 3주 제안 일정을 가지고 살펴보면 아래와 같다.

월	화	수	목	금	토	일
1.공고 제안 준비	2	3	4 1. 제안 전략 수립 및 **검토** (사업 이해/요구 규명/솔루션결정)	5	6 2. 스토리보드 및 **검토**	7
8	9	10	11 제안서 초안 작성 **(목업)**	12	13 초안 **검토**	14
15	16	17 제안2차안 작성	18 2차안 **검토**	19 제안 3차안 작성	20 최종 **검토**	21 인쇄
22제출	23	24	25 발표			

〈3주 일정 시의 검토〉

위 사례를 보면 첫 번째 검토는 제안 전략 수립 활동부터 시작된다는 것을 알 수 있다. 필자는 이 단계에서의 검토야말로 가장 중요한 검토라고 생각한다. 제안의 전략과 작성 방향이 여기서 결정되기 때문이다. 왜 고객은 현재의 시점에서 현재의 조건과 규모로 이번 사업 발주를 냈는가라는 문제의식 속에서 이번 사업 고객의 핵심이슈는 무엇인가? 그런 핵심이슈를 해결해 줄 수 있는 자사의 차별화 요소는 무엇인가? 등에 대해서 작성자와 검토자 간에 관점의 공유가 필요하다. 이렇게 중요한 검토를 생략해서 작성자와 검토자 간에 관점의 공유 없이 후속 작업을 진행한다면 어떤 문제가

이기는 제안서 개발

발생할까? 제안서 전체 골격을 다 바꿔야 하는 대참사(?)가 발생한다. 건축물 공사에 비유하면, 발주처와 시공업체가 설계도면에 대한 합의 없이 시공업체 마음대로 공사를 진행한 후에 발주처가 설계도면을 변경하자고 요청하는 것과 다르지 않다.

이렇게 제안 전략 검토 이후에는 또 한 번의 중요한 검토가 있다. 바로 스토리보드 검토다. 제안 전략과 고객의 공식적 요구사항이 목차에 적절하게 반영되었는가에 초점을 두는 검토다. 그리고 제안서 초안과 2차 안, 최종 검토 등을 해야 한다.

5.2.2 구체적으로 검토하라

검토의 두 번째 원칙은 구체적인 대안을 제시하는 검토다. 구체적 대안을 제시하지 않는 검토는 제안서 품질 개선에 도움이 되지 않는다. 이런 검토의 기본 원칙은 리더십에서 리더의 중요한 행동으로 간주되는 피드백 원칙과 크게 다르지 않다.

구체적인 대안을 제시하는 검토를 위해선 말로만 전달하는 'Verbal Review'가 아닌 글로 쓰는 'Written Review' 방식이어야 한다. 이를 위해 제안 관련 산출물-제안 전략 기술문, 스토리보드, 제안서-을 반드시 출력하여 검토자에게 전달하고, 검토자는 그 산출물을 숙독하고, 개선 사항을 작성해야 한다. 이런 작업이 끝나고 난 이후에 작성자를 만나서 개선 사항을 전달해야 한다.

건설적 피드백 행동

1. 애매모호하지 않고 구체적인 정보를 담고 있다.
2. 사람 자체가 아니라 행동 중심이다.
3. 객관적인 관찰에 기반한다.
4. 미래의 바람직한 결과를 위한 지속적 강화 혹은 개선에 초점을 둔다

〈건설적 피드백 행동의 원칙〉

○ ○ ○ ○

이기는 제안서 개발

5.3

검토의 종류

제안서 개발의 프로세스를 보면 크게 제안 전략, 스토리보드, 초안 및 2차 안, 최종 검토로 구별되며, 각 단계별 검토의 주안점은 아래의 표에 나와 있다. 각 단계별로 검토의 초점이 다르다.

〈단계별 검토 포인트〉

구분	주요 검토 포인트
3.1 제안 전략 검토	· 고객의 중요한 핵심 이슈를 다루고 있는가? · 자사의 (+/-)핵심차별화 요소가 과연 타당한가? · 자사의 (+/-)핵심차별화 요소를 부각시키는 커뮤니케이션 전략이 타당한가? · 경쟁사의 (+/-)핵심차별화 요소에 대한 적절한 대응 전략이 마련되어 있는가?
3.1 제안 스토리보드	· RFP의 요구사항(Compliance)과 평가항목을 빠짐없이 다루고 있는가? (적합한 솔루션 제시 및 적절한 하위 목차 개발) · 제안 전략을 해당 부문(Section)에서 적절하게 다루고 있는가?(반영 여부 및 효과적인 커뮤니케이션 측면) · 거버닝 메시지, 요약, 그래픽 등은 설득적인가? (고객이 얻게 될 효용과 솔루션의 특성을 이해·평가하기 쉽게 기술하였는가?)

191

3.3 제안서 초안 (Mock-Up)검토	· 제안 스토리보드 검토와 상동
3.4 제안서 2차 안 검토	· 모든 페이지가 이해하기 쉽고 읽기 편한가? · 이해하기 힘든 전문용어(Jargon) 사용을 최소화하고 있는가? · 정확한 단어, 올바른 문법을 사용하고 있는가? · 핵심주장과 요점이 잘 부각되고 있는가? · 모든 페이지가 일관성을 유지하고 있는가? (용어 통일, 서체, 크기, 아이콘)
3.5 제안서 최종 검토 (인쇄 직전 검토)	· 최종본 파일이 맞는가? · 중요한 숫자(비용, 일정, 기술적 사항)는 정확한가? · 오탈자는 없는가? · 고객사명은 정확한가? · 빠진 내용은 없는가?(각종 증빙자료)

'안다'라는 것과 '할 수 있다'라는 것의 차이

앞에서 필자는 '어떻게 하면 수주에 성공해서 고생한 보람을 얻을 수 있을까?' 그리고 '어떻게 하면 짧은 제안서 작성 기간 동안에 불필요한 시간 낭비 없이 효율적으로 제안서를 작성할 수 있을까?'라는 두 가지 질문에 대한 답을 주려고 이 책을 썼다고 했다. 이를 위해 이 책은 제1장 도입부에서는 제안의 정의를 살펴보았고, 그 이후로부터 제5장까지는 제안의 중요성과 이기는 제안의 3가지 조건 그리고 이기는 제안의 3가지 조건을 충족하는 제안 프로세스인 기획, 작성, 검토 및 수정의 구체적인 방법을 살펴보았다.

이 책을 열심히 집중해서 읽었고 제대로 이해한 독자라면 제안서를 어떻게 작성해야 할지 많은 지식을 얻었을 것이고 자신감도 생겼을 것이다. 그러나 실제로 여기서 배운 내용을 적용하려다 보면 쉽지 않다는 것을 알고 낭패감을 갖게 될 것이다. 이 책은 다른 책과 달리 현장 적용성을 높이기 위해 실제 제안 현장에서 제안서를 개발하는 단계로 기술되었으며, 각 단계별로 활용할 수 있는 적용 도구를 제공하였고, 이해를 돕기 위해 많은 사례를 제시하고 있다.

그럼에도 불구하고 실제 적용하려다 보면 쉽지 않다는 것을 알게 될 것이다. 왜 그럴까? 그 이유는 간단하다. '안다'라는 것과 '할 수 있다'라는 것은 다른 차원이기 때문이다. '안다'라는 것은 머리로만 이해한 상태를 말한다. '할 수 있다'라는 것은 머리로 이해한 것을 바탕으로 육체 근육인 혀, 눈, 손과 팔, 다리 근육을 활용하여 물리적 세계에서 소기의 목적을 달성하는 것을 말한다. 따라서 이 책에서 배운 내용을 현장에서 적용하려 할 때 어려움을 겪는 것은 당연하다. 왜냐하면, 독자들의 육체 근육은 아직 단련되지 않았기 때문이다.

제안 전문가가 된다는 것은 제안 관련 지식을 머리에만 갖고 있는 사람을 말하지 않는다. 그런 지식을 바탕으로 실제 현장에서 적용할 능력을 갖고 있는 사람을 의미한다. 탄탄한 야구 이론을 갖춘 야구 해설 위원과 LA 다저스 선발 투수인 류현진 선수 중 누가 야구를 잘하는 사람일까? 당연히 류현진 선수다.

류현진 선수는 육체 행동 훈련을 통해 쌓은 실력으로 실제 시합에서 팀을 승리로 이끌기 때문이다. 제안서도 마찬가지다. 이론만을 줄줄 꿰고 있는 사람이 아니라 훈련된 혀, 손과 다리 근육을 사용하여 실제 제안 현장에서 제안서를 잘 작성하는 사람이 잘하는 사람이다. 그렇다면 어떻게 해야 우리는 제안 전문가가 될 수 있을까?

프로페셔널이 되는 길

프로페셔널처럼 보이는 것과 실제 프로페셔널이 되는 것은 다르다. 흰색 가운을 입고 청진기를 두르고 병원을 돌아다닌다고 해서 유능한 의사가 되는 것은 아니다. 고된 의과대학 과정을 수료해야 하고, 실습을 해야 하고, 관련 논문을 읽고, 진료를 해야 유능한 의사가 될 수 있다. 명품 골프채와 유명한 회사의 골프웨어를 입고 골프장을 돌아다닌다고 해서 유능한 골퍼가 될 수는 없다. 박세리, 신지애와 같은 프로페셔널 골퍼가 되기 위해선 그들이 담력을 기르기 위해 무덤가에 가는 연습을 했듯이 연습을 해야 한다. 그들이 새로운 기술을 익혔고 그 기술을 실제 골프 대회에서 적용하려다 겪게 된 슬럼프를 이해하고, 그 슬럼프에서 벗어나기 위해 땀 흘리며 연습했듯이, 독자들도 연습해야 한다.

언어를 통일하기

이 책의 내용을 현장에 적용하기 위해 반드시 고려해야 하는 마지막 사항은 제안서 개발 프로세스와 도구 사용에 대한 언어 통일이다. 제안서를 혼자서 작성하는 소규모 입찰 제안서를 작성하는 독자라면, 이 책의 내용을 회사 내 상사, 동료와 공유하지 않아도 된다. 그러나 2명 이상이 제안서를 작성하는 경우라면, 이 책에서 배운 내용을 현장에서 적용하기 위해선 제안에 참여하는 모든 인원이 이 책의 내용을 공유해야 한다. 그래야 현장에서 적용할 수 있을 것이다. 제안서 개발은 고된 작업이다. 그 고된 작업을 하면서 사용하는 언어가 다르다면 그것만큼 괴로운 일도 없다. 현장 적용성을 위해 언어를 통일해야 한다.

하상균

현재 글로벌 HRD 전문 컨설팅 기업인 한국포럼(achieve forum)의 컨설턴트이다.
과거엔 글로벌 입찰제안 전문 컨설팅 기업인 쉬플리코리아의 수석 컨설턴트로 활동
하였다. 또한 10여 년 이상 한화디펜스, 한화종합연구소, 롯데정보통신, 현대정보통
신, 동원건설산업, 서영엔지니어링, KT, 한국IBM, LIG넥스원, 현대로템, 기아자
동차, 현대위아, 대한항공, 삼정KPMG, 인천국제공항, STX엔진, STX조선해양,
두산, 삼성에스원 등 국내 대기업에서 제안서 작성 강의와 컨설팅을 수행하였다.
'인본주의자로서 함께하는 사람의 성장과 성공을 돕는다'라는 삶의 소명(Mission)을
바탕으로 이 책을 썼다.

이기는 제안서 개발

초판인쇄 2019년 08월 23일
초판발행 2019년 08월 23일

지은이 하상균
펴낸이 채종준
펴낸곳 한국학술정보㈜
주소 경기도 파주시 회동길 230(문발동)
전화 031) 908-3181(대표)
팩스 031) 908-3189
홈페이지 http://ebook.kstudy.com
전자우편 출판사업부 publish@kstudy.com
등록 제일산-115호(2000. 6. 19)

ISBN 978-89-268-9561-0 03320